만해의
마지막 유마경

만해의
마지막 유마경

만해가 남긴
생애 처음이자
마지막
미완의 경전

어의운하

일러두기

1. 이 책은 잡지『불교』1940년 2월호와 4월호에 실린 실우失牛(만해의 필명)의 「유마힐소설경강의」와 400자 원고지 총 148장 분량의 육필 원고를 모아 발간한『한용운전집』제3권(신구문화사, 1973년)에 실린『유마힐소설경』을 저본으로 했다.

2. 만해는 1933년부터『유마힐소설경』번역을 시작했고, 1940년에『불교』지에 첫 연재를 시작하였다. 하지만 2월호, 3~4월호(합본호)에 2회를 연재하다 중단된다. 만해가 생애 첫 완역을 시도한 경전이 왜『유마경』이었는지, 또 왜 번역이 중단됐는지는 알려져 있지 않다. 이 책에 실린 번역본은『불교』지에 연재된 내용(본경의 명칭, 본경의 번역, 본경의 주석, 본경의 과판, 제1 불국품 일부로 본문 38쪽까지)과『한용운전집』에 실린 내용(제6 부사의품 일부까지)을 합한 것이다.

3. 『불교』에 연재된 내용 중 해설 부분은 육필 원고지에 기록된 내용과 분량 등에서 큰 차이를 보인다. 예컨대 육필 원고에는 '본경의 명칭', '본경의 번역', '본경의 주석', '본경의 과판' 등이 없는데,『불교』제1 불국품 해설 부분의 원고 분량은 육필 원고

에 비해 거의 열 배가 넘는다. 그만큼 육필 원고 중 해설 부분은 초고에 가깝다고 유추해 볼 수 있다.

4. 만해가 1933년 『한글』지에 쓴 '한글맞춤법 통일안의 보급방법' 글에서 "우리 불교 기관에서는 이번에 나온 새 철자법을 실행하고 있습니다"라고 밝힌 것처럼, 이 『유마힐소설경』은 1914년 발간된 『불교대전』과 달리 국한문 혼용임에도 한글의 어법이 두드러지게 많다. 때문에 『불교대전』은 현대어의 번역을 거쳐야 읽을 수 있지만, 『유마힐소설경』은 번역을 거치지 않고 꼼꼼히 정독하면 읽을 수 있다. 물론 불교 한문 읽기는 피할 수 없을 것이지만, 그 수고로움이 독자들을 더 깊은 『유마경』의 세계로 안내할 것이다.

5. 『불교』와 『한용운전집』에 실린 오자와 맞춤법은 원문의 결이 훼손되지 않는 정도로 바로잡았고(예를 들면 '부리수'는 '보리수'로, '일찌기'를 '일찍이'로, '더부러'를 '더불어'로), 지나치게 긴 문장은 독자들이 읽기 편하도록 두세 개의 문장으로 나누었다. 또한 국한문 혼용 등 지금은 잘 쓰이지 않는 생경한 단어와 문투 등이 적

지 않게 나오지만, 자료의 가치를 고려해 그대로 두거나, 별도의 각주로 해석을 달았다. 때문에 이 번역문은 쉽게 읽히지 않지만, 꼼꼼히 몇 번 정독하면, 만해가 그리고자 했던 유마거사의 이치에 다다를 수 있을 것이다.

6. 이 책에 나온 따옴표 등은 편집자가 별도로 단 것으로 원문에는 없는 것이다.

7. 이 강의는 만해가 밝힌 것처럼 구마라집鳩摩羅什 번역본을 따랐다.

8. 이 책을 읽는 독자 중 『유마경』을 처음 접한 분이라면, 번역문부터 반복해 읽기를 권한다.

목차

1. 본경本經의 명칭

유마힐維摩詰은 비말라킬티닐레사Vimalakirti-niraesa의 한 자음역漢字音譯 유마라힐維摩羅詰 혹 비마라힐毘摩羅詰의 약칭略稱이니, 의역義譯으로는 구역舊譯에 정명淨名, 신역新 譯에 무구칭無垢稱이라. 정淨은 무구無垢[1]의 의義요, 명名은 곧 칭稱이니 정명淨名과 무구칭無垢稱이 뜻에 있어서는 같 은 것이다. 정명淨名은 번뇌煩惱를 초탈超脫하고 무염청정 無染淸淨하여, 안으로 도덕이 완성되고, 밖으로 성명聲名이 하포遐布[2]함을 이름이니, 깨끗한 이름이라는 뜻이요, 별의 別義로는 생사열반生死涅槃과 번뇌보리煩惱菩提를 초월超越 하여 일체 명상名相에 집착이 없다는 뜻이니, 그로 보면 이름을 깨끗이한다는 뜻이다.

유마힐은 비야리성중毘耶離城中에 있는 거사居士로 오백 장 자長者 중의 일인一人인데 원래 묘희국妙喜國[3]으로부터 차 토此土에 시생示生하여 석존의 교화를 보좌하다가 장차

---

1   몸과 마음이 깨끗함
2   멀리 퍼짐
3   동방 아촉불이 계시는 국토. 서방 극락정토에는 아미타불이, 남방 환희국에는 보생불이, 북방 연화장엄국에는 불공성취불이 각 계 시다

본토本土로 돌아갈새 오백 장자가 부처님께 설법을 청하여 다 법연法筵[4]에 나가는데 오직 유마힐은 병을 일컫고 참예參詣[5]치 아니하였다. 그리하여 부처님으로 하여금 대제자大弟子를 보내어 병을 물으시게 하여, 그 기회에 스스로 불이법不二法을 설하여 중생을 요익饒益케 한 전차[6]로 이 경을 설하게 되었나니, 그런 전차로 유마힐소설경維摩詰所說經이라 하였다.

고역가古譯家들은 호한浩澣[7]한 장경藏經을 오종五種으로 나누었나니 즉 불설佛說, 성제자설聖弟子說, 제천설諸天說, 신선설神仙說, 변화설變化說이 그것이다. 불설은 불타佛陀의 금구소설金口所說이니 대소승大小乘의 제경률諸經律이 그것이요, 성제자설 이하는 보살菩薩, 나한羅漢, 천신天神, 용龍, 귀鬼 등이 불佛의 가피加被를 입어 대법大法을 홍포하매 그 소설所說이 불법의 진리에 계합契合함이니, 그러한 것은 불타의 친설親說이 아니라도 곧 진제眞諦에 합치合致하므로 불설佛說과 동일하게 여기는 것이다. 장경藏經 중에

<hr />

4   불법을 설하는 자리함
5   부처님께 나아가 예를 갖춤
6   까닭
7   크고 넓은
8   유마힐소설경

이러한 유류가 없지 아니하니 차경此經[8]은 제2 성제자설에 속하는 것이다.

차경此經의 삼회三會 중 초회初會는 불타의 친설親說이요, 말회末會는 불타와 유마의 합설合說이나, 그 대종본분大宗本分이 되는 제2회는 순연純然히 유마의 소설所說이므로 유마힐소설경維摩詰所說經이라 하였다.

경經은 범어의 수트라Sutra니 한자음역漢字音譯 수다라修多羅 혹 소달람素呾纜이요, 의역義譯 계경契經, 선線, 연綖, 진경眞經, 혹 경본經本이니 경은 그의 약칭이다. 계경이라 함은 모든 의리義理를 경위관천經緯貫穿한다는 뜻이니, 율律과 논論을 대한 명사名辭다. 각 경론經論에 호출互出한 경에 대한 해석을 열거하면 아래와 같다.

涅槃經十五 「從如是我聞 乃至 歡喜奉行 如是一切名修多羅」
　　瑜伽師地論二十五 「能貫穿縫綴種種能引義利 能引梵行
　　眞善妙義 是名契經」
瑜伽師地論八十一 「契經者 謂貫穿義」
佛地經論 「能貫能攝 故名爲經 以佛聖敎 貫穿攝持 所應
　　說義 所化生故」
法苑義林章二 「雖以 貫穿之義 釋契經 然以敎貫義 以敎

攝生 名之爲經 猶如綖之貫花 經之持緯 西域呼汲索 縫

衣之綖 常經聖教等 皆名素咀纜 衆生 由教攝而不散流

於惡趣 義理 由教貫而不散失隱沒 是故 名聖教爲契經」

華嚴疏一「古譯爲契經 契謂契理契機 經謂貫穿攝化 即契

理合機之經 依主受名」又云「正翻名線 線能貫華 經能

持緯 此方 不貴線稱 故存於經」

雜阿毘曇心論八「修多羅者 有五義 一曰出生 出生諸義故

二曰泉涌 義味無盡故 三曰顯示 顯示諸義故 四曰繩墨 辨

諸邪正故 五曰結鬘 貫穿諸法故 如是五義 是修多羅義」

無量壽經義疏上「經者 外國名 修多羅 此翻名綖 聖人言說

能貫諸法 如綖之貫華 故名爲綖 而言經者 綖能貫華 經

能持紬 其用相似 故名爲經 若依俗訓 經者常也 人別古今

教儀常偕 故名爲常 經之與常 何相關顧 將常釋經 釋言經

者 是經歷義 凡是一法 經古歷今 恒有不斷 是其常義 故

得名常」

成實論十二「修多羅者 直說言語」

瑜伽師地論八十「契經者 長行直說」

大乘阿毘達磨雜集論十一「契經者 謂以長行綴緝 略說所

應說」

大乘義章一「若正相翻 名之爲線」

勝鬘經寶窟上「言經者 天竺名 修多羅 此方隨義翻譯非一
　　傳譯者 多用綖本二名 以翻修多羅」 又云「俗言經者 常
　　也 雖先賢後聖 而教範古今恒然 故名爲常 佛法亦然 雖
　　三世諸佛 隨感去留 教範 古今不可改易」

註維摩經一「肇曰 經者常也 古今雖殊 覺道不改 群邪不
　　能阻 衆聖不能異 故曰常也」

觀經疏「經者 訓法訓常 由聖人金口 故言經也」

玄贊「經者 爲常爲法 是攝是貫 常則 道軌百王 法乃 德模
　　千葉 攝則集斯妙理 貫又御彼庸生」

2. 본경의 번역

본경本經 최고最古의 한역漢譯은 후한後漢 영제靈帝의 중평
中平 5년(서기 188년) 엄불조嚴佛調가 낙양洛陽에서 2권으
로 번역한 것이 있어 경록經錄에서 고유마古維摩라 일컫는
것이나 일찍이 산일散佚하여 전하지 않는다. 오吳의 황무
黃武 2년(서기 223년)으로부터 건흥년간建興年間에 이르도
록 전후 30여 년간에 우바새優婆塞 지겸支謙이 무창武昌에
서 번역한 십팔부十八部 중에 본경本經의 제2역이 있는데
제목을 「유마힐경維摩詰經」이라 하였다.

다음에 서진西晉 혜제惠帝 원강 원년元康元年(서기 291년)에
축숙란竺叔蘭이 번역한 『비마라힐경毘摩羅詰經』 3권이 있으
니 이것이 제3역이요, 대안大安 2년(서기 303년)에 번역된
축법호竺法護의 『유마힐소설법문경維摩詰所說法門經』 1권이
제4역이다. 그 뒤에 지민도支敏度가 지겸支謙, 숙란叔蘭, 법
호法護의 3역본을 집합集合 축약하여 5권의 『합유마경合維
摩經』을 편찬하였는데 전前의 제2·제3 양역본은 다 인멸湮
滅하여 전하지 아니하였다.

동진東晉 때에 이르러 서역西域의 사문沙門 지다밀祇多密
(Gitamitra)이 『유마힐경』을 4권으로 역출譯出하였으니, 이것

이 제5역인데 이것도 전하지 않고, 후진後秦의 홍시弘始 8년(서기 406년) 구마라집鳩摩羅什(Kumarajiva)이 상안대사常安大寺에서 의학義學의 사문沙門 이천백 인二千百人을 집회하기 전에 3권의 『유마힐소설경』을 번역하였으니 이것이 제6역으로 곧 본경이다. 당唐의 정관년간貞觀年間에 현장玄奘이 장안長安의 대자은사大慈恩寺에서 『설무구칭경說無垢稱經』을 6권으로 번역하였으니 이것이 제7역이다.

이상 7역 중에 지금까지 전하는 것이 지겸支謙, 나집羅什, 현장玄奘의 삼역본三譯本뿐인데, 그 중에 정확상밀精確詳密하기로는 현장의 신역新譯이 백미白眉라고 할 수가 있으나, 고래古來로 나집본羅什本이 가장 성행盛行하여 학자들의 주소註疏도 다 나집본羅什本을 위주하고, 자은慈恩의 주註뿐이 현장본玄奘本을 의依하였다. 그러므로 이 강의도 또한 나집본羅什本을 취하였다.

이상 삼역본三譯本의 권질卷秩과 품목品目은 아래와 같다.

支謙			羅什			玄奘		
卷上	一	佛國品	卷上	一	佛國品	卷一	一	序品
同	二	善權品	同	二	方便品	同	二	顯不思議方便善巧品
同	三	弟子品	同	三	弟子品	卷二	三	聲聞品
同	四	菩薩品	同	四	菩薩品	同	四	菩薩品
同	五	諸法言品	卷中	五	文殊師利問疾品	卷三	五	問疾品
同	六	不思議品	同	六	不思議品	同	六	不思議品

卷下	七	觀人物品	同	七	觀衆生品	卷四	七	觀有情品
同	八	如來種品	同	八	佛道品	同	八	菩提分品
同	九	不二入品	同	九	入不二法門	同	九	不二法門品
同	十	香積佛品	卷下	十	香積品	卷五	十	香臺佛品
同	十一	菩薩行品	同	十一	菩薩行品	同	十一	菩薩行品
同	十二	見阿閦佛品	同	十二	見阿閦佛品	卷六	十二	觀如來品
同	十三	法供養品	同	十三	法供養品	同	十三	法供養品
同	十四	囑累彌勒品	同	十四	囑累品	同	十四	囑累品

삼역三譯을 비교하면 동일한 14품으로 품목의 역자에 소허少許[9]의 차이가 있으나, 진의眞義에 있어서는 상위相違가 없고 내용의 문의文義에는 다소의 정략교졸精略巧拙[10]이 있음은 면치 못할 일이나, 후후後後가 전전前前을 참고하게 되는 것도 차라리 당연한 일이어서 나집羅什은 지겸支謙의 역본을 채용採用한 것이 많고, 현장玄奘은 나집본羅什本을 참작하여 전문을 인용한 것도 적지 아니하다.

그러나 게송에 있어서는 다소의 증감增減이 있으니 제1품의 찬불게讚佛偈로 말하여도 삼역三譯 중의 최고역最古譯에는 십송十頌, 나집역羅什譯에는 십팔송十八頌, 최신역最新譯에는 십구송반十九頌半으로 되었으니 광략廣略의 흔적이

9 　　적은 분량, 약간
10 　　정밀함과 간략함, 교묘함과 질박함
11 　　명백함

역연歷然[11]하고 또 제8품의 게송은 지겸역支謙譯에는 사십
송四十頌, 나집羅什·현장玄奘의 양역兩譯에는 다 사십이송
四十二頌이어서 고역古驛에는 최후의 이송二頌이 궐闕[12]하였
다. 게송뿐 아니라 장문長文에도 게송과 같은 광략廣略이
있으나 너무 번만煩蔓하여 생략하노라.

본경의 번역은 한역漢譯 이외에도 서장역西藏譯, 만몽역滿
蒙譯 등이 있고, 근래에는 영역英譯도 있다 하나 상세히 참
고하지 못하였으므로 후일을 사俟[13]하노라.

---

12   빠짐
13   기다림

3. 본경의 주석

본경은 문간의순文簡義順[14]하여 자못 문자를 조해粗解[15]하는 자라도 통독通讀할 수가 있으나 그 진리에 들어가서는 실로 일규一規[16]가 아니어서 파랑중첩波瀾重疊[17] 홀등홀락忽騰忽落[18]하고 공색교착空色交錯[19] 기단차속旣斷且續[20]하여 청정무위淸淨無爲의 대적광토大寂光土가 아연俄然,[21] 화홍유록花紅柳綠[22]의 현란한 문장을 영사映射하고 만상삼연萬象森然[23]의 기세간器世間[24]이 돌재咄哉,[25] 사사무애事事無碍의 제불경諸佛境으로 화化하여 십홀방장十笏方丈[26]에 십만사자좌十萬獅子座를 출입하며 신불승의身不勝衣[27]의 요염한 천녀

---

14 문장이 간단하고 뜻이 어렵지 않음
15 대강 알고 있음
16 하나의 규칙
17 일의 진행에 온갖 변화나 난관이 많음
18 갑자기 오르고 갑자기 떨어짐
19 공과 색이 이리저리 엇갈려 뒤섞임
20 이미 끊어졌다가도 또한 이어짐
21 부사. 급작스런 모양
22 봄의 아름다움. 자연 그대로이며 인공적인 것이 가미되지 않았음을 가리키는 말
23 삼라만상이 이미 갖추어져 있다
24 삼종세간의 하나인 국토세간
25 감탄사
26 홀(笏) 열 개를 이어놓은 작은 방
27 옷을 추스리지 못할 정도로 허약함. 여기서는 그만큼 가냘프고 여려 보이는 모습

天女로서 찰나刹那, 헌헌장부軒軒丈夫[28]로 전신轉身하는 등 실로 불가사의 천천만만千千萬萬[29]의 황홀경을 일자일구一字一句에 포장하면서도 터럭 끝만치도 묵색墨色도 변치 않는 그러한 거룩한 경이므로 거기에 대한 해석은 참으로 단순하지 아니할 것이다. 그리하여 고금古今의 드러난 주소가註疏家만 하여도 한둘에 그치지 아니하였다.

최고의 주해註解로는 서진西晉 여산혜원廬山慧遠의 고제高弟[30] 담선曇詵[31]의 『유마힐자주경維摩詰子註經』 5권이 있고, 전제前齊의 소자량蕭子良이 또한 『유마의략維摩義略』 5권과 『초유마힐경抄維摩詰經』 26권의 대작大作이 있었으나 다 망실하여 전하지 않고, 나집羅什이 번역을 마치고 스스로 소疏를 지어서 그 문하의 도생道生과 승조僧肇로 하여금 집록輯錄[32]하였으니 그것이 『주유마경註維摩經』 10권이요, 수隋 혜원慧遠 찬撰의 『유마경의기維摩經義記』 8권이 있고, 수隋 지의智顗 찬撰의 『유마경현소維摩經玄疏』 8권이 있으니, 상칭常稱 정명현淨名玄이라 하고, 『유마경문소維摩

---

28   외모가 준수하고 풍채가 당당한 남자
29   수량이 많음. 정도가 더할 수 없이 심함
30   고족제자高足弟子의 줄임말. 뛰어난 제자
31   중국 수당隋唐 시대의 승려
32   여러 책에서 모아 기록함

經文疏』28권은 수隋 지의智顗 찬撰으로 상칭常稱 광소廣疏 라 하고, 『유마경약소維摩經略疏』10권은 수隋 지의智顗가 설하고 당唐 담연湛然이 약략略한 것으로 세칭世稱 정명소淨 名疏라 하는 것이요, 수隋 길장吉藏 소疏의 『정명현론淨名玄 論』8권이 있고, 동인同人 술술述의 『유마경유의維摩經遊意』1 권과 『유마경의소維摩經義疏』6권과 『유마경소維摩經疏』5 권이 있으며, 당唐 담연湛然 술술述의 『유마경소維摩經疏』3권 이 있으며, 당唐 도섬道暹의 사기私記 중에 『유마경소기초 維摩經疏記鈔』권4·권5가 있고, 당唐 규기窺基 찬撰의 『설무 구칭경소說無垢稱經疏』6권이 있고, 송宋 지원智圓 술述의 『유마경약소수유기維摩經略疏垂裕記』10권이 있고, 『유마경 소과維摩經疏科』1권은 명인明人(失名)의 저작著作이요, 명明 양기원楊起元 저著 『유마경평주維摩經評註』14권, 명明 전등 傳燈 저著 『유마경무아소維摩經無我疏』12권, 명明 통윤通潤 의 『직소直疏』3권이 있고, 청淸 정연淨挻의 『유마경요설維 摩經饒舌』같은 것은 명明 양원기楊元起의 평주評註와 한가지 로 백의속사白衣俗士의 저술이나 실로 이채異彩를 더하였다.

4. 본경의 과판科判[33]

본경의 과판科判도 고래古來로 기규불일其規不一[34]하였다. 나집羅什, 도생道生[35]의 고석가古釋家 시대에는 별별로 과목 科目을 분개分開하지 아니하고, 다만 글을 따라서 뜻을 해석하였으나, 승조僧肇[36]는 비로소 과판科判의 남상濫觴[37]을 발發하여 초품初品의 보적발문寶積發問 전前을 서분序分으로 하고, 그 이하로 제13품에 이르도록을 정종분正宗分, 최후의 1품을 유통분流通分이라 하였다. 영미법사靈味法師는 방편품方便品 이전을 서분序分, 방편품으로부터 제13품까지를 정종분, 후後 1품을 유통분이라 하였고, 개선법사開善法師는 불국佛國·방편方便·제자弟子·보살菩薩의 4품을 서분, 유마실維摩室 내의 6품을 정종분, 보살행菩薩行·아촉불阿閦佛 2품을 증정분證定分, 후後 2품을 유통분이라 하였는데, 가상대사嘉祥大師[38] 등 삼론제사三論諸師는 차분

---

33   목차 또는 개요
34   규칙이 일정하지 않음
35   중국 진나라의 승려
36   승조(僧肇, 384년~414년)는 중국 동진의 승려. 『유마경』을 읽고 크게 감동하여 출가. 구마라집과 역경 사업을 했으며, 『조론肇論』을 지었다
37   배를 띄울 정도의 큰 강물도 그 근원은 술잔을 띄울 정도의 작은 물이었다는 뜻으로 모든 사물의 시발점을 가리키는 말

과此分科를 의용依用하고, 장엄莊嚴 광택光宅의 제사諸師[39]도 대략 그와 동일하나, 다만 후後의 4품을 유통분流通分이라 한 것만 다를 뿐이다. 천태天台는 여시아문如是我聞으로부터 보적寶積의 찬불게讚佛偈까지를 서분序分이라 하여 통通·별別에 나누고 보적寶積의 청문請問으로부터 불국佛國이 인과개시因果開示 이후 견아촉불품見阿閦佛品까지의 12품 반半을 정종분正宗分, 법공양·촉루囑累의 2품을 유통분流通分이라 하고, 자은법사慈恩法師는 초初 1품을 설법연기분說法緣起分, 차次 11품을 정진본종분正陳本宗分, 후後 2품을 찬수유통분讚授流通分이라 하였다.

이상은 고래제철古來諸哲의 본경에 대한 과판科判인데 그것은 총판摠判에 지나지 않는 것이요, 만일 본경의 내용을 세분하자면 처음에 총과摠科를 나누고 총과에서 별과別科를 나누고 별과에서 또 세과細科로 나누지 아니하면 안 될 것이다. 그것은 본경뿐 아니라 제경諸經의 과판에서도 그 예를 많이 보는 것이다. 본경의 과판에 대하여 총

---

38   길장吉藏. 가상사에 머물면서 『중론中論』·『백론百論』·『십이문론十二門論』 등의 주석서를 쓴 인연으로 가상대사로 불리며 삼론종의 중흥조이다

39   장엄사 승민(僧旻. 474~534)과 광택사 법운(法雲. 467~529). 위의 개선법사(개선사 지장智藏. 467~522)와 더불어 양나라 삼대법사로 꼽히는 고승이다

과는 물론 별과, 세과까지라도 우견愚見이 없는 것은 아니나, 과판이라는 것은 일경一經의 내용을 분류하는 것뿐이요, 문의文義나 내포內包한 이제理諦를 해석하는 것은 아니므로 번만煩蔓을 피하기 위하여 생략하노라.

제1[1]

불국품

佛國品

[2]
[3]
[4]

1.

이 같음을 내 듣사오니[5] 한때에[6] 부처님[7]이 비야리毘耶離[8]
암라수원菴羅樹園[9]에 계시사 큰 비구比丘[10] 무리 8천 사람
으로 더불어 함께하시니 보살菩薩[11]이 3만 2천이라.

如是我聞 一時佛在毘耶離菴羅樹園 與大比丘衆八千人俱
菩薩三萬二千

1 제1은 품별순차品別順次의 기수記數니 본경 14품 중에 「불국품佛國品」이 제1위에 있는 고故로 제1이라 하였나니 근일近日의 분류법으로는 제1「불국품」이라 할 것이다. 이하도 차此에 방倣하노라.

2 불국佛國은 불의 소주국토所住國土와 소화국토所化國土의 2종이 있나니, 정토淨土는 물론 불佛의 소주국토이나 예토穢土도 불佛의 소화所化에 의하여 불토佛土라 하나니, 예例하면 사바세계娑婆世界가 석가여래釋迦如來의 불토佛土임과 같은 것이다. 『유마경維摩經』「가상소嘉祥疏」1에 "淨穢等土 無非佛國 若言淨土 但得淨 不兼穢"라 하고, 『대승의장大乘義章』19에 "言佛國者 攝人之所目之爲國 約佛辨國 故名佛國"이라 하였다.

3 품품은 범어 발가Vargah, 한자음 발거跋渠, 의역 품이라, 품류品類의 의義며 품별品別의 의義니 유취類聚의 일단一段을 지칭함이다. 『중아함경』에 "跋渠 此飜爲品 品者 義類同者 聚在一段 故名爲品也"라 하고, 『법화경』「가상소」1에 "品者 外國名 跋渠 此稱爲品 品云品別 明義各異 故稱爲別 二者品類 以明其義 各有部類故

世"라 하였다.

4 불佛이 비야리암라수원毘耶離菴羅樹園에서 대보살大菩薩,
대제자大弟子, 천신天神 등을 거느리고 계실 때 비야리
성毘耶離城의 보적寶積 등 오백 장자五百長者가 칠보개七
寶蓋을 가지고 와서 부처님께 공양하매 부처님이 신통
력으로 오백의 보개寶蓋를 합하여 일개一蓋를 만들어
서 그 가운데에 삼천대천세계三千大千世界의 제불국토
諸佛國土를 나타내매 보적寶積이 게偈를 설하여 불공덕
佛功德을 찬탄하고 부처님께 보살정토菩薩淨土의 행行을
묻자온데 부처님이 심정즉불토정心淨則佛土淨을 주의主
義로 하사 정토행淨土行을 설하시었다. 그때에 사리불舍
利弗이 의심疑心을 내되, 심정즉불토정心淨則佛土淨일진
대 석존이 계신 사바세계娑婆世界는 어찌 청정치 못한
가 하는지라, 부처님이 그 뜻을 아시고, 곧 삼천대천
세계三千大千世界를 정토로 장엄하시니 그때에 오백 장
자가 다 무생법인無生法忍을 얻고, 팔만사천의 제자가
무상보리無上菩提를 얻었다. 그리하여 차품此品에는 정
토행의 설법說法이 주主가 되는 고로「불국품」이라 하
였다.

5 여시아문如是我聞은 모든 경수經首에 있는 증신서證信序

라, 경은 부처님 재세시在世時에 결집結集한 것이 아니
요, 열반涅槃하신 뒤에 다문제일多聞第一 아난阿難이 부
처님께 친문수지親聞受持한 바를 결집結集한 것이므로
경수經首에 반드시 차어此語를 가加하여 부처님의 친설
親說과 차이差異가 없음을 증신證信케 함이다. 여시如是
는 범어의 에밤Evam, 한자음역 예발翳髮의 의역이니 사
물을 지시하는 말이요, 인가印可하는 말이다.『자지기
資持記』상上 "如是者 指示之事",『승만보굴勝鬘寶窟』상
上 "印述之辭 如是如是 誠如聖敎 如是如是 如汝所說
乃至 法稱合道理故言如是"라 하였으니, 곧 경중소설經
中所說을 가르침이라.

아문我聞은 아난의 자어自語니 이 같은 불설佛說을 내
가 확문確聞하였다는 뜻이다. 또 여시如是는 신순信順
의 뜻이니, 신신信信하면 여시如是라 하고, 신신信信치 아니하면
불여시不如是라 하는 것이다. 불법佛法은 신신信信으로 위
주爲主하는 고로 제경諸經의 수수首에 능신能信을 표한 것
이다. 외도外道의 경수經首에는 '아(무)阿(無)'와 '구(유)傴
(有)' 두 자를 가加하여 길상吉祥을 표하였는데, 그것은
쟁론諍論의 본本이라, 불교는 쟁론을 피하는 고로 여시
如是의 신신信信을 표하였나니『지도론智度論』권1에 "如是

者 即是信也"라 하였다. 이것도 아난阿難이 불佛의 유촉遺囑에 의한 것이니, 불佛의 입멸 시에 아난이 사사四事[40]를 묻는 중에 "일체경수一切經首에 하자何字를 치置하오리까?" 하매, 부처님이 대답하시되 "일체경수一切經首에 여시아문如是我聞 등 언言을 두라" 하신 전차라.

〔參考〕

智度論二「佛入滅時 阿泥樓陀比丘 使阿難請問四事 一佛滅度後 諸比丘等 以何爲師 二諸比丘 依何住 三惡性比丘 云何共居 四一切經首置何字 佛答 乃至 一切經首 置如是我聞等言」

佛地論一「如是我聞者 謂總顯己聞 傳佛敎者言 如是事 我昔曾聞如是」

探玄記三「如是 總擧一部文義 謂指 己所聞之法 故云如是」

理趣釋「如是者 所謂結集之時 所指是經也 我聞者 蓋表 親從佛聞也」

智度論一「問曰 諸佛經 何以故 初稱 如是語 答曰 佛法大海 信爲能入 智爲能度 如是者 即是信也」

註維摩經一「肇曰 如是 信順辭 經無豐約 非信不傳 故建言如是」

法華文句二「對破外道 阿(無)個(有)二字不如不是 對治悉檀也」

---

[6] 일시一時는 파리어巴利語 에카삼마야Ekamsamayam의 역

---

40   출가수행자가 일상생활에서 필요한 네 가지 물건, 즉 음식, 옷, 탕약, 잠잘 곳

문역文譯이니 모시某時의 뜻이다. 각 경經의 설하신 시간을 일일이 지정하는 번만煩蔓을 피하기 위하여 다만 일시一時라 칭하였나니, 일시는 그 경經을 설하신 총시總時를 통칭通稱함이라 『천태관경소天台觀經疏』1에 "今不論 長短假實 說此經竟 總謂爲一時"라 하였다.

7 불佛은 부따Buddha의 음역音譯 불타佛陀의 약칭畧稱이니 음역으로는 불타휴도佛馱休屠, 부타浮陀·부도浮圖·부두浮頭·발타勃陀·발타勃馱·부타浮陀·모타母陀·보타步他·몰타沒馱 등이 있고, 의역意譯 각자覺者 또는 지자智者라 하나니, 각覺은 자각각타自覺覺他를 이름이다. 범부는 자각自覺도 못하고, 이승二乘은 자각하되, 각타覺他를 못하고, 보살菩薩은 자각각타自覺覺他하되 각행覺行이 원만치 못하되 오직 부처님이 차此를 겸兼하신 고로 대각이라 칭하나니라.

〔參考〕

南山戒本疏一「佛 梵云佛陀 或云 浮陀 佛馱 步他 浮圖 浮頭 蓋傳者之訛耳 此無其人 以義翻之爲覺」

宗輪論述記「佛陀 梵音 此云覺者 隨舊略語 但稱曰佛」

佛地論一「於一切法 一切種相 能自開覺 亦能開覺 一切有情 如睡夢覺醒 如蓮華開 故名佛」

智度論二「佛陀 秦言智者 有常無常等 一切諸法 菩提樹下 了了
　覺知 故名佛陀」

智度論七十「佛名爲覺 於一切無明 睡眠中 最初覺 故名爲覺」

法華文句一「西竺言佛陀 此言 覺者 知者 對迷名知 對愚名覺」

大乘義章二十「佛者 就德以立其名 佛是覺知 就斯立稱 覺有兩
　義 一覺察名覺 如人覺賊 二覺悟名覺 如人睡寤 覺察之覺 對煩
　惱障 煩惱 侵害事等 如賊 惟聖覺知 不爲其害 故名爲覺 涅槃
　云 如人覺賊 賊無能爲 佛亦如是 覺悟之覺 對所知障 無明昏
　寢事等 如睡 聖慧一起 朗然大悟 如睡得寤 故名爲覺 既能自覺
　復能覺他 覺行窮滿 故名爲佛 言其自覺 簡異凡夫 云覺他者 明
　異二乘 覺行窮滿 彰異菩薩」

善見律四「佛者 名自覺 亦能覺他 又言知 何謂爲知 知諦故 故名
　爲佛」

仁王經「一切衆生 斷三界煩惱 果報盡者 各爲佛」

8　비야리毘耶離는 비사리Vaisali의 음역이니 또 비사리毘舍
離·비사리鞞舍離·유야維耶·유야리維耶離·비사례야鞞舍
隸夜·비살이毘薩爾·폐사리吠舍釐 등의 음역이 있나니 지
명地名이다. 의역意譯 호도광엄지好稻廣嚴地니 기지其地
가 평광平廣하여 도토稻土에 마땅한 전차라, 중인도中印
度 간닥Gandak 하河 동반東畔의 도시로 고대 화과華果의
명산지名産地다.

〔參考〕

吉祥維摩詰疏一「毘耶離城者 亦云 毘耶離國 此是 六大城中 一

大城 十六大國中 一大國也 毘耶離 或云 毘舍離 或云 鞞舍離

此云 廣博嚴淨 亦云 好稻 復云 好成」

西域記七「吠舍釐國 舊曰 毘舍離國 訛也 中印度境」

四分戒疏二「毘耶離者 多論云 廣嚴城也」

玄應音義四「毘耶離 或作 毘舍離 或云 維耶離 亦云 毘奢隷夜 皆

梵言 訛轉也 正言 吠舍釐 在恒河南 中印度境 七百賢聖 於中

結集處所也」

9 암라수원菴羅樹園은 암라페리야나Amrapaliyana의 음역이

니 암라위원菴羅衛園이라고도 하는데 망고Mnago 과원果

園이니 위녀衛女(捺女或菴羅女) 봉헌림奉獻林의 뜻이다.

〔參考〕

嘉祥之 維摩經疏一「菴園者 卽是別處 亦云 捺女園 此事如 祇陀

園 祇陀園 給孤長者 買爲佛 起精舍 此處捺女自捨 爲佛起精

舍」

玄應音義二十二「菴羅衛 舊云 菴羅樹園 卽菴羅婆女 以園施佛

仍本爲名也 言衛者 此昔守衛看護此園林」

10 비구比丘는 삐쿠Bhiksu의 음역이니 혹或 필추苾蒭·픽추煏

煏 등이라 하며 음역은 걸사乞士·파번뇌破煩惱의 이의二

義로 해석하기도 하고, 정걸식淨乞食·파번뇌破煩惱·정지계淨持戒·능포외能怖畏의 사의四義로 해석하기도 하는 바, 차외此外에도 다종多種의 해석이 있으나 대동소이할 뿐으로 출가出家하여 구족계를 받은 남승男僧의 통칭이다.

[參考]

嘉祥法華義疏一「比丘 名爲乞士 上從如來 乞法 以練神 下就俗人 乞食 以資身 故名乞士 世之乞人 但乞衣食 不乞於法 不名比丘」

俱舍光記十四「苾蒭 唐言 乞士 舊云比丘 訛也」

智度論三「云何名比丘 此丘名乞士 清淨活命 故名爲乞士 復次 比丘破 丘名煩惱 能破煩惱 故名比丘 復次 受戒時 自言 成是 某甲比丘 盡形壽持戒 故名比丘 復次 比名怖 丘名魔 能怖魔王 及魔人民 當出家 剃頭著染衣受戒 是時魔怖 何以故怖 魔言 是人 必得入涅槃」

維摩經「肇曰 此丘 秦言 或名淨乞食 或名破煩惱 或名淨持戒 或名能怖魔 天竺一名 該此四義 秦言無一名以譯之 故存本名焉」

玄應音義八「除饉 舊經中「或言除士除女 亦言 熏士熏女 今言比丘 比丘尼也 案梵言比丘 此言乞士 即與除饉義同 除六情飢 斷貪欲染也 以善法熏修 即言 熏士熏女」

南山業疏三「中梵本音 號曰熰蒭 此傳訛失 轉比丘也」

探玄記十八「比丘者 梵有三名 或云比呼 或云苾蒭 或云比丘 此無正譯 義翻有三 謂怖魔 破惡及乞士」

慧琳音義二「芯蒭 草名也 僧肇法師義 芯蒭 有四勝德」

11 보살菩薩은 보디사타Bodhisattva의 음역 보리살타菩提薩
埵의 약칭이라. 각유정覺有情·대도심중생大道心衆生·개
사開士·시사始士·고사高士·대사大士 등의 의역意譯이
있나니 도道를 구하고 각覺을 요要하는 대심인大心人을
통칭함이다. 보살은 출가와 재가의 이종二種이 있으니
『지도론智度論』7에 "此中 二種菩薩 居家出家 善守等
十六菩薩 是居家菩薩(中略)慈氏妙德菩薩等 是出家
菩薩"이라 한 것이 그것이다.

[參考]

注維摩「肇曰 菩薩 佛道名也 菩薩 秦言 大心衆生 有大心入佛道
　　名菩提薩埵」

法華文句二「菩薩 此言道 薩埵此言心」

法華經嘉祥疏一「菩提云道 是無上正徧知果道也 薩埵 言衆生
　　爲求果道 故名 道衆生也」

法華玄贊二「菩提 覺義 是所求果 薩埵 有情義 是自身也 求菩提
　　之有情者 故名菩薩」

佛地論二「緣菩提薩埵爲境 故名菩薩 具足 自利利他大願 求大
　　菩提 利有情故又薩埵者 是勇猛義 精進勇猛 求大菩提 故名菩
　　薩」

名淨疏一「菩提爲無上道 薩埵名大心 謂無上道大心 此人 發大心

爲衆生 求無上道 故名菩薩 安士 開士 始士 又翻云 大道心衆
生 古本 翻爲高士 旣異翻不定 須留梵音 今依大論釋 菩提 名
佛道 薩埵 名成衆生 用諸佛道 成就衆生 故名 菩提薩埵 又 菩
提 是自行 薩埵 是化他 自修佛道 又用化他 故名菩薩」

天台戒經義疏上「天竺梵音 摩訶菩提質帝薩埵 今言菩薩 略其餘
字 譯云 大道心成衆生」

차문此文은 여시아문如是我聞의 증신서證信序를 경수經首에
가加하고 시時·처處·주主·중衆을 갖춘 것이니 일시一時는 시
時요 비야암라수원은 처處요, 불佛은 설주說主요, 비구·보살
은 청중聽衆이니 시時·처處·주主·중衆의 사연四緣을 갖추지
못하면 법法을 설할 수가 없는 고故로 어느 경수에서든지 반
드시 증신서와 사연이 있는 것이다.

2.

뭇 사람이 아는 바라 큰 지혜大智[1]와 근본 행行을 다 성취하고, 모든 부처님의 위신으로 세운 바이므로 법성法城[2]을 호위하기 위하여 바른 법을 받아 가지며, 능히 사자처럼 부르짖어서[3] 이름이 열 방위에 들리며, 뭇 사람이 청하지 아니하여도[4] 벗하여 편안케 하며, 세 보배[5]를 이어 받들어서 끊어지지 않게 하며, 마군[6]과 원수를 항복시키고 모든 외도外道[7]를 제어하여 다 깨끗하게 하며, 오개五蓋[8]와 십전十纏[41]을 길이 멀리해서 마음은 항상 걸림이 없는 해탈에 편안히 머물며, 염念·정定을 다 가져서 말재주가 끊이지 않으며, 보시布施·지계持戒·인욕忍辱·정진精進·선정禪定·지혜智慧 및 방편력方便力을 갖추지 아니함이 없어 얻는 바 미처 법인法忍을 일으키지 않으며, 능히 순順히 따라 물러나지 않는 바퀴를 굴리며, 법상法相을 알며, 중생의 근기를 알며, 모든 대중의 위에 있어서 두려운 바 없음을 얻으며, 공덕과 지혜로 그 마음을 닦음으로써 몸

---

41 열 가지의 수번뇌隨煩惱를 말한다. 곧 무참無慚, 무괴無愧, 질투嫉妬, 간린慳, 회회悔, 면민眠, 도거掉擧, 혼침昏沈, 분忿, 부覆. 여러 가지 악을 지어 중생을 얽어매어 생사의 옥에 가둔다는 뜻. 전纏은 마음을 얽어매어 선善을 행할 수 없도록 방해하는 것을 말함. 47쪽 참조

이 꾸며져서 색상色相이 제일이고, 온 세간에 있는 모든 꾸밈을 버려서 이름소리가 높고 멀어 수미須彌를 넘으며, 믿음이 굳어서 금강金剛과 같으며, 법보法寶가 널리 비쳐서 감로甘露와 같으며, 여러 말소리의 미묘함이 제일이라 깊이 연기緣起에 들어가 모든 사견邪見을 끊으며, 있고 없는 두 변견邊見에 여습餘習이 없으며, 법을 넓힘에 두려움이 없어 사자의 부르짖음과 같으며, 그 강설講說하는 바는 우레와 같아 한량이 없고, 또 이미 양量을 지닌지라 뭇 법보法寶를 모음이 바다의 도사와 같으며, 모든 법의 깊고 묘한 뜻을 다 통달하여서, 중생의 가고 오는 곳과 마음의 행하는 바를 잘 알아서, 무등등無等等의 부처님의 자재自在하신 지혜와 십력十力, 무외無畏, 십팔불공법十八不共法에 가까워서 온갖 악취문惡趣門을 닫았으되, 다섯 갈래로 그 몸을 나타내어 큰 의왕醫王이 되어 온갖 병을 잘 낫게 하며, 병에 따라 약을 주어 복행服行을 얻게 하며, 한량없는 공덕을 다 성취하고 한량없는 불토를 다 엄정嚴淨하니, 그 보고 듣는 자가 이익을 입지 아니함이 없으며, 모든 짓는 바를 또한 헛되이 버리지 아니하니, 이렇게 일체 공덕을 다 갖추었느니라.

衆所知識 大智本行 皆悉成就 諸佛威神之所建立 爲護法城 受持正法 能獅子吼 名聞十方 衆人仇請 友而安之 紹隆三寶 能使不絶 降伏魔怨 制諸外道 悉已清淨 永離蓋纏 心常安住 無碍解脫 念定總持 辯才不斷 布施 持戒 忍辱 精進 禪定 智慧 及方便力 無不具足 逮無所得 不起法忍 已能隨順 轉不退輪 善解法相 知衆生根 蓋諸大衆 得無所畏 功德智慧 以修其心 相好嚴身 色像第一 捨諸世間 所有飾好 名稱高遠 踰於須彌 深信堅固 猶若金剛 法寶普照 而雨甘露 於衆言音 微妙第一 深入緣起 斷諸邪見 有無二邊 無復餘習 演法無畏 猶獅子吼 其所講說 乃如雷震 無有量 已過量 集衆法寶 如海導師 了達諸法 深妙之義 善知衆生往來所趣 及心所行 近無等等 佛自在慧 十力無畏 十八不共 關閉一切 諸惡趣門 而生五道 以現其身 爲大醫王 善療衆病 應病與藥 令得服行 無量功德 皆成就 無量佛土 皆嚴淨 其見聞者 無不蒙益 諸有所作 亦不唐捐 如是一切功德皆悉具足

이것은 보살의 덕을 찬탄함이다. 모든 지혜와 공덕을 겸비하여 명성이 널리 들리는 까닭을 알지 못하는 사람이 없는 것이니, 중소지식衆所知識은 덕고명성德高名盛한 효과를 총거總擧하여 관사冠辭에 가한 것이요, 그 이하는 소증지덕所證智德을 별거別擧한 것이다.

[1] 대지大智는 일체 사리事理를 통달하는 광대한 불지佛智니 『유마경維摩經』「혜원소慧遠疏」에 "대지라고 말하는 것은 바로 부처의 지혜니, 부처의 지혜가 깊고 광대한 고로 대지라 한다.(言大智者 是佛智也 佛慧深廣 故名大智)"라고 하고, 본행本行은 성불成佛의 인행忍行이니 『유마경』「혜원소」에 "보살의 닦는 바는 부처가 되는 원인佛因이 되니, 고로 본행이라 한다.(菩薩所修 能爲佛因 故名本行)"라고 하였다. 지행쌍수智行雙修가 보살 수행의 최요最要이므로 먼저 말한 것이요, 보살의 수행이 곧 제불諸佛의 가피加被를 입음이어서 보살의 소증所證과 제불의 위신威神이 합치되는 고로 제불 위신의 건립이라 하였다.

2　법성法城은 정법正法의 마외魔外 등 비법非法을 방어함
　　이 성필城畢의 적을 방어함과 같은 고로 법法을 성城
　　에 비유한 것이다. 『무량수경無量壽經』 「혜원소慧遠疏」에
　　"법法이란 잡설을 방어할 수 있으므로 성이 된다.(法能
　　遮防 說之爲城)"라 하고, 동 「가상소」에 "법성이란 것은
　　열반의 묘과로, 이는 몸을 편안히 하는 곳인 까닭에
　　성이라 이른다.(法城者 涅槃妙果 是安身處 故稱爲城)"라고
　　하였다.

3　사자후獅子吼는 불보살의 설법의 두려움怖畏이 없고 군
　　사群邪를 절복折伏함이 곧 사자일성獅子一聲에 백수百獸
　　가 진복震伏함과 같은 것인 고로 『열반경涅槃經』 27에
　　"사자후란 결정설決定說을 말한다.(獅子吼者 名決定說)"
　　라고 하였는데 동주同註에, "승조僧肇가 말하기를 사자
　　후란 두려움이 없다는 소리다. 모든 언설에 있어서 여
　　러 이단사설을 두려워하지 않음이 사자가 울부짖으매
　　뭇 짐승이 벌벌 떠는 것에 비유한 것이다.(肇曰 獅子吼者
　　無畏音也 凡所言說 不畏 羣邪異學 喩獅子吼 衆獸下之)"라 하
　　고, 『승만보굴勝鬘寶窟』 중말中末에 "말하는 바가 겁이
　　없으면 사자후다.(所言不怯 名獅子吼)"라고 하였다.

4　시방十方은 상上·하下·사방四方·사유四維를 이름이다.

불청不請은 보살은 중생이 청구치 아니하되 대비심大悲心으로 자진 설법하여 정법正法으로 그 마음을 편안케 함이니 『승만보굴勝鬘寶窟』 상말上末에, "사승四乘의 중생은 비록 근성은 있으나 요욕樂欲은 미생未生이므로 능히 청구할 수가 없다. 보살은 근기를 비추어 그 감당하여 받을 수 있음을 알고, 그를 위하여 설법하는 고로, 불청이라 한다. 청하지 않았어도 들으면 반드시 이익을 얻고 지목하기를 벗인 것처럼 한다.(四乘衆生 雖有根性 樂欲未生 不能請求 菩薩照機 知其堪受 即便爲說 故言不請 聞必得益 目之爲友)"라고 하였다.

5 삼보三寶는 불佛·법法·승僧이니 세간에 희유稀有 귀중함이 진보珍寶와 같은 까닭이다.

6 마魔는 마라Mara의 음역, 마라魔羅의 약략略이니 탈명奪命·장애障礙·요란擾亂·파괴破壞·살자殺者 등의 의역意譯이 있다.

〔參考〕

婆沙論四二「問曰 何故名魔 答曰 斷慧 故魔 復次 常行放逸 害自
　　身 故名魔」

智度論五「除諸法實相 餘殘一切法 盡名爲魔」

同「問曰 何以名魔 答曰 奪慧命 壞道法功德善本 是故名爲魔」

智度論六八「魔 秦言 能奪命 唯死魔 實能奪命 餘者 亦能作 奪

命因緣 亦奪智慧命 是故名殺者」

義林章「梵云 魔羅 此云 擾亂障礙破壞 擾亂身心 障礙善法 破壞
　　勝事 故名魔羅 此略云魔」

玄應音義二一「魔 莫何反 書無此字 譯人義作 梵云魔羅 此翻名
　　障 能爲修道 作障礙 故亦言殺者 常行放逸 斷慧命故或云惡者
　　多愛欲故」

慧琳音義一二「魔羅 唐云力也 即他化自在天中 魔王波旬之異名
　　也 此類鬼神 有大神力 能與修出世法者 爲留難事 名爲魔羅 以
　　力爲名 又略去羅字」

[7] 외도外道는 불교의 정법正法 외에 따라 사도邪道를 세운
것이다.

　［參考］

資持記上之一「言外道者 不受佛化 別行邪法」

天台淨名疏「法外妄解 斯稱外道」

三論玄義上「至妙通虛 目之爲道 心遊道外 故名外道」

圓覺經集註「心行理外 故名外道」

외도의 종류도 하나가 아니니 『백론百論』에 이천삼선二
天三仙, 『사종론四種論』 및 『입대승론入大乘論』에 4외도,
『유마경』·『열반경』 등에 육사六師, 『유식론唯識論』에 13
외도, 『유가론瑜伽論』에 16외도, 『외도소승열반론外道小
乘涅槃論』에 20종, 『대일경大日經』에 30종, 『열반경』·『승

기율僧祇律』 등에 95종, 『화엄경』·『지도론智度論』 등에 96종이 있으나 번거로워 일일이 들지 않는다.

8 개전蓋纏의 개蓋는 개부蓋覆의 뜻이니 능히 심성心性을 개부하여 선법善法을 낳지 못하게 하는 까닭이며, 전纏은 전박纏縛의 뜻이니, 망혹妄惑이 중생을 계박繫縛하여 생사에 초월하고, 열반을 증득證得치 못하게 하는 까닭이다. 개에는 5개가 있으니, 탐욕개貪欲蓋·진에개瞋恚蓋·수면개睡眠蓋·도회개掉悔蓋·의법개疑法蓋의 다섯을 말하는 것으로 법계法界 다음에 "일반적으로 개蓋란 개蓋가 덮는다覆蓋의 뜻이니, 능히 행자行者의 청정淸淨하고 착한 마음을 덮어서 개발되지 못하게 하므로 이름을 개蓋라고 한다.(通名蓋者 蓋以覆蓋爲義 能覆蓋 行者淸淨心善 不得開發 故名爲蓋)"라고 하였다. 전纏은 십전十纏이 있으니 무참無慚·무괴無愧·질투嫉妬·간린慳悋·회悔·수면睡眠·도거掉擧·혼침昏沈·진분瞋忿·부覆가 그것이다.

3.

그 이름을 이르면, 등관보살이며 부등관보살이며 등부등
관보살이며 정자재왕보살이며 법자재왕보살이며 법상보
살이며 광상보살이며 광엄보살이며 대엄보살이며 보적보
살이며 변적보살이며 보수보살이며 보인수보살이며 상거
수보살이며 상하수보살이며 상참보살이며 희근보살이며
희왕보살이며 변음보살이며 허공장보살이며 집보거보살
이며 보용보살이며 보견보살이며 제망보살이며 명망보살
이며 무연관보살이며 혜적보살이며 보승보살이며 천왕보
살이며 괴마보살이며 전덕보살이며 자재왕보살이며 공덕
상엄보살이며 사자후보살이며 뇌음보살이며 산상격음보
살이며 향상보살이며 백향상보살이며 상정진보살이며 불
휴식보살이며 묘생보살이며 화엄보살이며 관세음보살이
며 득대세보살이며 범망보살이며 보장보살이며 무승보살
이며 엄토보살이며 금계보살이며 주계보살이며 미륵보살
이며 문수사리법왕자보살이 이와 같은 무리 3만 2천인이
시다.

其名曰 等觀菩薩 不等觀菩薩 等不等觀菩薩 定自在王菩

薩 法自在王菩薩 法相菩薩 光相菩薩 光嚴菩薩 大嚴菩薩

寶積菩薩 辨積菩薩 寶手菩薩 寶印手菩薩 常舉手菩薩 常

下手菩薩 常慘菩薩 喜根菩薩 喜王菩薩 辯音菩薩 虛空藏

菩薩 執寶炬菩薩 寶勇菩薩 寶見菩薩 帝網菩薩 明網菩薩

無緣觀菩薩 慧積菩薩 寶勝菩薩 天王菩薩 壞魔菩薩 電德

菩薩 自在王菩薩 功德相嚴菩薩 獅子吼菩薩 雷音菩薩 山

相擊音菩薩 香象菩薩 白香象菩薩 常精進菩薩 不休息菩

薩 妙生菩薩 華嚴菩薩 觀世音菩薩 得大勢菩薩 梵網菩薩

寶杖菩薩 無勝菩薩 嚴土菩薩 金髻菩薩 珠髻菩薩 彌勒菩

薩 文殊師利法王子菩薩 如是等三萬二千人

4.

다시 1만萬의 범천왕梵天王 시기尸棄[1] 등이 있어 다른 사천
하로부터 불소佛所에 와서 법法을 들으려 하였으며, 다시
1만2천의 천제天帝가 있어 또한 다른 사천하[2]로부터 회좌
會坐에 있으며, 아울러 다른 큰 위력이 있는 제천諸天, 용
신龍神, 야차夜叉,[3] 건달바乾闥婆, 아수라阿修羅, 가루라迦樓
羅, 긴나라緊那羅, 마후라가摩睺羅伽 등이 다 회좌會坐에 오
며, 모든 비구比丘, 비구니比丘尼, 우바새優婆塞, 우바이優婆
夷[4]가 함께 모임에 앉았다. 그때에 부처님이 한량없는 백
천百千 대중에게 공경히 둘러싸여서 법을 말씀하시니, 마
치 수미산왕須彌山王이 큰 바다에 나타남과 같이 온갖 보
배로 만든 사자좌獅子座에 안처安處하시매 여러 곳에서 모
여온 대중을 뒤덮으시다.

復有萬梵天王尸棄等 從餘四天下 來詣佛所 而聽法 復有
萬二千天帝 亦從餘四天下 來在會坐 並餘大威力諸天 龍
神 夜叉 乾闥婆 阿修羅 迦樓羅 緊那羅 摩睺羅伽等 悉來
會坐 諸比丘 比丘尼 優婆塞 優婆夷 俱來會坐 彼時 佛與
無量百千之衆 恭敬圍繞 而爲說法 譬如須彌山王 顯于大

海 安處衆寶獅子之座 蔽於一切諸來大衆

이 이하는 인천人天의 대중大衆을 서열敍列함이다.

1 범천梵天은 천명天命이요, 시기尸棄(Sikhi)는 한역漢譯하면
정계頂髻니 범왕梵王의 이름이다.

2 사천하四天下는 수미산須彌山을 중심으로 한 동서남북
의 사계四界를 말함이니 일불세계一佛世界에 백억 사천
하百億四天下가 있느니라.

3 야차夜叉(yaksa)는 한역으로 경첩輕捷이니 천야차天夜叉·
지야차地夜叉·허공야차虛空夜叉의 세 종류가 있다. 건달
바乾闥婆(gandharva)는 제석帝釋의 음악을 맡은 신神이다.
아수라阿修羅(asura)는 한역으로 불음주不飮酒라 남추여
미男醜女美의 신이니 싸우기를 좋아하는 귀신이다. 가
루라迦樓羅(garura)는 금시조신金翅鳥神이고, 긴나라緊那羅
(kinnara)는 제천諸天의 악신樂神인데 건달바의 하급이며
사인비인似人非人이다. 마후라가摩睺羅伽(mahoraga)는 지룡
地龍인데 다리가 없이 배로 다니는(無脚腹行) 신이고, 거
기에 제천諸天과 용신龍神을 합하여 팔부중八部衆이라
칭한다.

4 비구니比丘尼(bhiksuni)는 출가하여 구계具戒를 받아 지니

는 여자승이고 우바새優婆塞(upāsakā)는 청신남淸信男이

고, 우바이優婆夷(upāsikā)는 청신녀淸信女다.

5.

그때에 비야리성毘耶離城에 한 장자[1]의 아들이 있었으니 이름이 보적寶積이다. 그는 오백 장자의 아들로 더불어 칠보개七寶蓋[2]를 가지고 불소佛所에 와서 머리를 조아려 부처님의 발에 예를 하고 각기 그 개蓋로써 함께 부처님에게 공양供養하니, 부처님의 위신威神으로 모든 보개寶蓋로 하여금 같이 합하여 일 개蓋를 이루어 두루 삼천대천세계三千大千世界[3]를 덮었는데, 이 세계의 넓고 긴 모습이 모두 그 가운데 나타나고, 또 이 삼천대천세계의 모든 수미산과 설산雪山, 목진린타산目眞隣陀山,[4] 마하목진린타산摩訶目眞隣陀山, 향산香山, 보산寶山, 금산金山, 흑산黑山, 철위산鐵圍山, 대철위산大鐵圍山, 대해大海, 강하江河, 천류川流, 천원泉源 및 일월성신日月星辰, 천궁天宮, 용궁龍宮, 제존신궁諸尊神宮이 다 보개寶蓋 가운데 나타나고, 또 시방十方의 모든 부처님과 부처님의 설법이 또한 보개 가운데 나타나니라.

爾時 毘耶離城 有長者子 名曰寶積 與五百長者子 俱持七寶蓋 來詣佛所 頭面禮足 各以其蓋 共供養佛 佛之威神 令諸寶蓋 合成一蓋 遍覆三千大千世界 而此世界廣長之相

悉於中現 又此三千大千世界 諸須彌山 雪山 目眞鄰陁山 摩訶目眞鄰陁山 香山 寶山 金山 黑山 鐵圍山 大鐵圍山 大海江河 川流泉源 及日月星辰 天宮 龍宮 諸尊神宮 悉現於寶蓋中 又十方諸佛 諸佛說法 亦現於寶蓋中

1 장자長者는 재덕 겸비자를 말한다.

2 칠보는 금·은·유리·파리玻璃·차거硨磲·진주·마노瑪瑙 등을 말함.

3 삼천대천세계는 수미산을 중심으로 하여 칠산대해七山大海가 서로 위요圍繞[42]하고 철위산鐵圍山으로 외곽을 한 것을 일 소천세계一小千世界라 칭하고, 일 소천세계를 천 개 합한 것을 중천세계中千世界라 하고, 중천세계를 천개 합한 것을 대천세계大千世界라 하는데, 대천세계의 수량은 10억이라, 삼천세계라 함은 소천·중천·대천의 3종의 천으로 성립함을 표시함이다. 그 내용은 일 대천세계와 같아서 이를 일불一佛의 화경化境이라 한다.

4 목진린타目眞隣陀(mucilinda)는 한역漢譯으로 석금산石金山이고, 마하목진린타摩訶目眞隣陀(Mahāmucilinda)는 한역으로 대석금산大石金山이다. 이 『유마경維摩經』은 평등불이平等不二의 법을 나타낸 고로 설법의 맨 첫머리에 보개를 바침으로써 발기發起하여 중보개衆寶蓋로 한 보개

---

42   주위 경관 요소들에 의해 울타리처럼 둘러싸임

를 만드는 것은 일다불이一多不二를 보임이다. 일 소개一小盖의 가운데 삼천대천세계를 나타냄은 대소불이大小不二를 보임이라. 우주 만유가 다 유심唯心의 나타난 것인즉 한 터럭 끝에 무량토無量土를 나타내고, 개자芥子 가운데 수미산을 용납(納)함이 어찌 심상한 일이 아니리오. 중생 제불의 물경物境을 응용하는 차이가 미오迷悟의 구별이었을 뿐이다.

6.

그때에 모든 중생이 부처님의 신력을 보고 미증유의 일이
라 감탄하며 합장하여 부처님에게 예하고, 눈을 잠시도
떼지 아니하더니 장자의 아들 보적寶積이 곧 부처님 앞에
서 게偈로써 송頌하여 가로되, 눈은 맑고 길고 넓어 푸른
연蓮과 같으며, 마음이 맑아 이미 모든 선정禪定을 지내시
되 오래 정업淨業을 쌓아 일컬음이 한량없고[1] 무리를 적
寂[2]으로써 인도하는 까닭으로 머리를 조아리느니라. 이미
대성大聖이 신변神變으로써 시방세계 넓은 국토를 내림을
보며 그 가운데 모든 부처님이 법을 연설하는 것을 여기
서 다 보고 듣느니라.

법왕法王[3]의 법력法力이 군생群生에 뛰어나 늘 법재法財로
모두에게 베푸시며, 능히 잘 모든 법상法相을 분별하시어
제일의第一義[4]에 움직이지 아니하시며, 이미 모든 법에 자
재를 얻으시니 그런 까닭으로 이 법왕에 머리를 조아리느
니라.[5] 설하시는 법이 있음도 아니요, 또한 없음도 아니라.
인연으로 인해 모든 법이 있어서 나(我)도 없고, 지음(造)
도 없고, 받는 자도 없으나 선악의 업은 또한 없지 아니하
는도다.

비로소 불수佛樹 밑에서 힘으로 마魔를 항복시키고 감로

멸甘露滅을 얻어 각도覺道를 이루시니,[6] 이미 심의心意도 없

고 수행受行도 없되 모든 외도를 최복摧伏[43]하고[7] 세 번 법

륜法輪을 대천大千에 굴리매[8] 그 바퀴가 본래 늘 청정淸淨

한지라, 천인天人이 도를 얻으며 이에 증명이 되는도다. 삼

보三寶가 이 세간에 나타나시어 이 묘법으로써 군생群生

을 건지시니 한 번 받으매 물러나지 아니하고 늘 적연寂然

하도다.

노老·병病·사死를 제도하는 큰 의왕醫王이며, 법해法海와

같은 덕에 예합니다. 훼예毁譽[44]에 움직이지 아니함이 수

미산 같아서 착함과 착하지 아니함을 가리지 않고 똑같

이 자비로써 대하시니 심행心行의 평등함이 허공과 같을

진대 누가 인보人寶[9]를 듣고 경승敬承[45]치 않으리오.

이제 세존에게 이 미개微蓋를 바쳐 왔더니 그 가운데 나

의 삼천계三千界를 나타내는도다. 제천諸天·용신龍神이 사

는 궁宮과 건달바乾闥婆 등과 야차夜叉들도 이 세간의 모든

있는 바를 다 보게 됨은 대자비의 십력十力[10]이 슬피 여기

---

43   제압하고 굴복시킴
44   헐뜯음
45   남의 말을 삼가 받아들임

셔 이 화변化變을 나타나게 하심이라, 무리가 희유希有를 보고 다 부처님을 찬탄하는도다.

이제 내가 삼계존三界尊[11]에 머리를 조아리노니 대성법왕 大聖法王[12]은 무리의 돌아가는 바라, 마음을 맑게 하고 부처님을 보매 기뻐하지 아니함이 없어 저마다 세존이 그 앞에 계심을 보느니 이 큰 신력神力은 불공법不共法이로다. 부처님은 한 소리로 설법하시지만 중생이 유類에 따라 저마다 알고 다 세존이 그 말과 같다 하느니 이는 곧 신력神力의 불공법이로다. 부처님이 한 소리로 설법하시나 중생이 각각 이해하는 바를 따라 널리 수행受行함을 얻어 그 이익을 얻느니 이는 곧 신력의 불공법이로다.

부처님이 한 소리로 설법하시매 두려워함도 있고, 혹 기뻐하기도 하며, 혹 염리厭離를 내고, 혹 의심을 끊느니, 이는 곧 신력의 불공법이로다.[13] 십력대정진十力大精進에 머리를 조아리며, 이미 무소외無所畏[46]를 얻음에 머리를 조아리며, 불공법에 머무름에 머리를 조아리며, 일체 대존사 大尊師에 머리를 조아리며, 능히 모든 결박을 끊음에 머리를 조아리며, 이미 피안彼岸[14]에 이름에 머리를 조아리며,

---

46   두려워하지 않는 자신감

능히 모든 세간을 제도함에 머리를 조아리며, 길이 생사도生死道를 떠남에 머리를 조아리며, 다 중생의 오고 가는 모습을 알며, 모든 법에 잘 해탈을 얻어 세간에 집착하지 않음이 연화蓮華와 같으며, 늘 공적행空寂行에 잘 들어 모든 법상法相의 괘애罣礙[47]가 없음을 달하니 공[15] 같아서 의지하는 바가 없음에 머리를 조아리느니라.

爾時 一切大衆 覩佛神力 歎未曾有 合掌禮佛 瞻仰尊顔 目不暫捨 長者子寶積 卽於佛前 以偈頌曰 目淨脩廣如靑蓮 心淨已度諸禪定 久積淨業稱無量 導衆以寂故稽首 旣見大聖以神變 普現十方無量土 其中諸佛演說法 於是一切悉見聞 法王法力超群生 常以法財施一切 能善分別諸法相 於第一義而不動 已於諸法得自在 是故稽首此法王 說法不有亦不無 以因緣故諸法生 無我無造無受者 善惡之業亦不亡 始在佛樹力降魔 得甘露滅覺道成 已無心意無受行 而悉摧伏諸外道 三轉法輪於大千 其輪本來常淸淨 天人得道此爲證 三寶於是現世間 以斯妙法濟群生 一受不退常寂然 度老病死大醫王 當禮法海德無邊 毀譽不動如須

---

47   막힘과 걸림

彌 於善不善等以慈 心行平等如虛空 孰聞人寶不敬承 今
奉世尊此微蓋 於中現我三千界 諸天龍神所居宮 乾闥婆
等及夜叉 悉見世間諸所有 十力哀現是化變 衆覩希有皆歎
佛 今我稽首三界尊 大聖法王衆所歸 淨心觀佛靡不欣 各
見世尊在其前 斯則神力不共法 佛以一音演說法 衆生隨
類各得解 皆謂世尊同其語 斯則神力不共法 佛以一音演
說法 衆生各各隨所解 普得受行獲其利 斯則神力不共法
佛以一音演說法 或有恐畏或歡喜 或生厭離或斷疑 斯則
神力不共法 稽首十力大精進 稽首已得無所畏 稽首住於不
共法 稽首一切大尊師 稽首能斷諸結縛 稽首已到於彼岸
稽首能度諸世間 稽首永離生死道 悉知衆生來去相 善於
諸法得解脫 不著世間如蓮華 常善入於空寂行 達諸法相無
罣礙 稽首如空無所依

1 제 선정諸禪定을 초월하여 정각正覺에 이름(至)이다.

2 중생을 적정부동寂靜不動의 법으로 제도함이다.

3 법왕法王은 법法 중의 왕이다.

4 제일의第一義는 최상이란 뜻이다.

5 법은 그 자체가 본래 비어 있으니 실유實有가 아니지만, 인과因果가 소연昭然하니 또한 진무眞無가 아니다. 고로 유무의 정상定相을 떠나 조자造者·수자受者의 실체는 없으나, 선악의 보응報應은 멸망치 아니함이다.

6 불수佛樹는 보리수요, 감로멸甘露滅은 열반涅槃이니, 부처님이 보리수 아래에서 도를 깨닫고 마魔를 항복시킴이다.

7 부처님이 도를 깨달으매 각원행만覺圓行滿하여 고의로 강행하였으되 외도外道와 마적魔賊이 자연히 최복摧伏함이다.

8 삼전三轉은 첫째, 시전示轉이니 사제법四諦法을 개시함이요, 둘째, 권전勸轉이니 사제법을 권고함이요, 셋째, 증전證轉이니 부처님이 사제법을 자증自證함을 언명言明함이다. 부처님이 성도成道하신 후에 먼저 녹원鹿苑에서

사제법을 설법하시어 교진여僑陳如 등 다섯 비구를 제
도하시니 불佛·법法(四諦)·승僧(僑陳如 등) 삼보三寶가 나
타남이다.

9 인보人寶는 인간 중의 보寶니 곧 부처님을 가리킴이다.

10 십력十力은 십력존十力尊의 약어略語이니 부처님을 칭함
이다.

11 삼계三界는 첫째는 욕계欲界인데 음욕淫欲과 식욕食欲을
가진 유정有情의 있는 곳(所住處)이니 인계人界를 중심
으로 한 세계를 말한다. 둘째는 색계色界인데 색은 형
색形色의 뜻이다. 색계는 욕계 위에 있어 음淫·식食의
두 욕망을 떠난 유정有情의 있는 곳이니, 인체와 여러
형작形作의 구조構組가 정묘함이고, 셋째는 무색계無色
界인데 사람의 신체와 물질이 없고 오직 심식心識으로
심묘한 선정禪定에 머묾이니 이것은 색계 위에 있는 것
이다. 부처님이 삼계 중에서 가장 높은 고로 삼계존三
界尊이라 한다.   .

12 이 이하는 부처님의 미묘한 불공법不共法을 찬탄함이
다. 부처님의 설법은 동일하나 중생의 근기根機와 경우
의 차별에 따라 감수感受하는 바가 다르나, 이익을 입
음(蒙)은 동일한 것이다.

13 두려워함은 선법善法을 들으매 악법惡法의 악과惡果를
   두려워함이요, 염리厭離는 선법을 듣고 악업惡業을 염
   리함이다.

14 피안彼岸. 생사를 차안此岸이라 하고, 열반을 피안彼岸
   이라 한다.

15 각심覺心은 허공과 같이 부동하여 의착衣着함이 없음
   을 말함이다.

7.

그때에 장자長者의 아들 보적寶積이 이 게偈를 설하여 마치시고 부처님에게 여쭈되, 세존이시어 이 오백 장자의 아들이 다 이미 아뇩다라삼먁삼보리심阿耨多羅三藐三菩提心[1]을 발하여 불국토佛國土의 청정을 듣고자 원하노니, 원컨대 세존은 모든 보살의 정토행淨土行을 말씀해 주소서.

부처님이 말씀하시되, 착하도다. 보적이 이에 능히 모든 보살을 위하여 여래[2]에게 정토행을 물으니 삼가 듣고 또 들어서 잘 생각하라. 마땅히 너를 위하여 설하리라. 이에 보적이 오백 장자의 아들과 더불어 가르침을 받아들으시니라.

爾時 長者子寶積 說此偈已 白佛言 世尊 是五百長者子 皆已發阿耨多羅三藐三菩提心 願聞得佛國土淸淨 唯願世尊 說諸菩薩淨土之行 佛言善哉 寶積乃能爲諸菩薩 問於如來 淨土之行 諦聽諦聽 善思念之 當爲汝說 於是寶積及五百長者子 受敎而聽

—

[1] 아뇩다라샴먁삼보리阿耨多羅三藐三菩提(anuttarasamyaksam-
bodhi)는 한역하면 무상정변지無上正遍智다.

[2] 여래如來는 불십호佛十號의 첫째인데 범어梵語 타타가타
(tathāgata)의 역譯이니 부처님은 법과 같이 알고 법과 같
이 설하는 고로 여如이며, 안온安穩의 도道로 오는(來)
고로 내來이다. 이를 합하여 여래라 하니 『대지도론大智
度論』과 『좌선삼매경坐禪三昧經』에 이와 같이 풀이하였다.

8.

부처님이 말씀하시되, 보적寶積아, 중생의 유류類가 이 보살
의 불토佛土니 무슨 까닭이겠느냐.

보살이 교화敎化하는 바 중생을 따라 불토를 취하며, 조
복調伏하는 바 중생을 따라 불토를 취하며, 모든 중생이
응당 어떤 나라로써 불지혜佛智慧에 들어감에 따라 불토
를 취하며, 모든 보살이 응당 어떤 나라로써 보살근菩薩根
을 일으킴에 따라 불토를 취하느니 무슨 까닭이냐.

보살이 정국淨國을 취함은 다 모든 중생을 이익되게 하기
위한 까닭이다. 비유컨대 사람이 있어 빈터에 집을 짓고
자 하면 그 뜻에 따라 걸림이 없을지나, 만약 허공에 하
면 능히 이루지 못할지니, 보살도 이와 같아서 중생을 성
취하려는 연고로 불국佛國을 취함을 원하느니 불국 취하
기를 원하는 자는 허공에 함이 아니니라.

佛言寶積 衆生之類 是菩薩佛土 所以者何 菩薩隨所化衆
生 而取佛土 隨所調伏衆生 而取佛土 隨諸衆生 應以何國
入佛智慧 而取佛土 隨諸衆生 應以何國 起菩薩根 而取佛
土 所以者何 菩薩取於淨國 皆爲饒益諸衆生 故譬如有人

欲於空地 造立宮室 隨意無礙 若於虛空 終不能成 菩薩如
是 爲成就衆生 故願取佛國 願取佛國者 非於空也

이 이하는 불이 정토淨土의 뜻을 설하심이니, 중생을 떠나서는 따로 불이 없으며, 예토穢土를 떠나서는 따로 정토가 없음을 보임이다. 일체중생의 사는 곳이 정토 아님이 없느니, 양삼모옥兩三茅屋[48]의 산촌이 우자愚者를 변화시켜 철인哲人을 만들고, 완맹頑氓[49]을 조복調伏하여 선인을 만들면 일촌一村의 상마토석桑麻土石이 선수낙토仙樹樂土로 화할지니, 어떤 땅을 막론하고 그 땅에 사는 중생이 불지佛智에 들어가고, 선근善根을 일으키면 땅에 따라 정토淨土를 이룰지라. 만약 중생의 경계를 떠나서 따로 정토를 구하면 이는 허공에 궁실宮室을 건조함과 같아서 성취하지 못할지니라.

---

48   두세 칸 되는 초가집
49   완고한 백성

9.

보적아, 마땅히 알아라.

곧은 마음이 보살의 정토淨土니 보살이 부처를 이룰 때에 아첨하지 아니하는 중생이 와서 그 나라에 나며,

깊은 마음이 보살의 정토니 보살이 부처를 이룰 때에 공덕을 구족具足한 중생이 와서 그 나라에 나며,

보리심菩提心[1]이 보살의 정토니 보살이 부처를 이룰 때에 대승 중생大乘衆生[2]이 와서 그 나라에 나며,

보시布施가 보살의 정토니 보살이 부처를 이룰 때에 일체를 능히 버리는 중생이 와서 그 나라에 나며,

지계持戒가 보살의 정토니 보살이 부처를 이룰 때에 십선도十善道[3]를 행하여 원력願力을 세운 중생이 와서 그 나라에 나며,

인욕忍辱이 보살의 정토니 보살이 부처를 이룰 때에 삼십이상三十二相[4]으로 장엄莊嚴한 중생이 와서 그 나라에 나며,

정진精進이 보살의 정토니 보살이 부처를 이룰 때에 부지런히 일체 공덕을 닦은 중생이 와서 그 나라에 나며,

선정禪定이 보살의 정토니 보살이 부처를 이룰 때에 마음을 거두어 어지럽지 아니한 중생이 와서 그 나라에 나며,

지혜智慧가 보살의 정토니 보살이 부처를 이룰 때에 정정
중생正定衆生이 와서 그 나라에 나며,

사무량심四無量心[5]이 보살의 정토니 보살이 부처를 이룰
때에 자慈·비悲·희喜·사捨를 성취한 중생이 와서 그 나라
에 나며,

사섭법四攝法[6]이 보살의 정토니 보살이 부처를 이룰 때에
해탈解脫을 거둔 중생이 와서 그 나라에 나며,

방편方便이 보살의 정토니 보살이 부처를 이룰 때에 일체법
一切法에 방편이 막힘이 없는 중생이 와서 그 나라에 나며,

삼십칠도품三十七道品[7]이 보살의 정토니 보살이 부처를 이
룰 때에 염처念處[8]·정근正勤·신족神足·근根·역力·각覺·도
道의 중생이 와서 그 나라에 나며,

회향심廻向心이 보살의 정토니 보살이 부처를 이룰 때에
일체 구족具足한 공덕국토功德國土를 얻으며,

팔난八難[9]을 제除함을 설說함이 보살의 정토니 보살이 부
처를 이룰 때에 그 나라에는 삼악三惡[10]과 팔난이 없으며,

스스로 계행戒行을 지키고 다른 이의 허물을 비방하지 아
니함이 보살의 정토니 보살이 부처를 이룰 때에 그 나라
에는 계율을 범한다는 말이 없느니라.

십선十善이 보살의 정토니 보살이 부처를 이룰 때에 단명

하지 않고,¹¹ 큰 부富요 범행梵行이며, 말하는 바가 진실하고 항상 부드러운 말을 하며, 권속眷屬이 흩어지지 않고 쟁송爭訟을 잘 화해시키며 말이 반드시 이익이 되어 미워하지도 않고 성내지도 아니하며, 바른 소견을 가진 중생이 와서 그 나라에 나느니라.

寶積當知

直心 是菩薩淨土 菩薩成佛時 不諂衆生 來生其國

深心 是菩薩淨土 菩薩成佛時 具足功德衆生 來生其國

菩提心 是菩薩淨土 菩薩成佛時 大乘衆生 來生其國

布施 是菩薩淨土 菩薩成佛時 一切能捨衆生 來生其國

持戒 是菩薩淨土 菩薩成佛時 行十善道滿願衆生 來生其國

忍辱 是菩薩淨土 菩薩成佛時 三十二相莊嚴衆生 來生其國

精進 是菩薩淨土 菩薩成佛時 勤修一切功德衆生 來生其國

禪定 是菩薩淨土 菩薩成佛時 攝心不亂衆生 來生其國

智慧 是菩薩淨土 菩薩成佛時 正定衆生 來生其國

四無量心 是菩薩淨土 菩薩成佛時 成就慈悲喜捨衆生 來生其國

四攝法 是菩薩淨土 菩薩成佛時 解脫所攝衆生 來生其國

方便 是菩薩淨土 菩薩成佛時 於一切法 方便無碍衆生 來

生其國

三十七道品 是菩薩淨土 菩薩成佛時 念處正勤神足根力覺
道眾生 來生其國

迴向心 是菩薩淨土 菩薩成佛時 得一切具足功德國土

說除八難 是菩薩淨土 菩薩成佛時 國土無有三惡八難

自守戒行 不譏彼闕 是菩薩淨土 菩薩成佛時 國土無有犯
禁之名

十善 是菩薩淨土 菩薩成佛時 命不中夭 大富梵行 所言誠
諦 常以軟語 眷屬不離 善和諍訟 言必饒益 不嫉不恚 正見
眾生 來生其國

1 보리bodhi는 깨달음이니 보리심은 큰 깨달음을 구하기 위하여 발한 마음을 이름이다.

2 승乘은 법의 뜻이다. 불법에 대승大乘과 소승小乘의 구별이 있는데 대승은 대법大法의 사람, 즉 불보살佛菩薩의 법이고, 소승은 소법小法의 사람, 즉 성문聲聞·연각(緣覺 : 불법 중 학위의 이름이니 자리만 얻고 이타를 행하지 못하는 자)의 법이다.

3 살생·투도偸盜·사음邪淫·망어妄語·양설兩舌·기어綺語·탐욕貪欲·진에瞋恚·악구惡口·사견邪見을 십악十惡이라 하는데, 여기에다 첫머리에 각각 아니 불不 자를 붙이면 곧 십선十善이 되느니, 예를 들면 살생殺生은 악이요, 불살생不殺生은 선이다.

4 삼십이상三十二相은 대인大人의 구족상具足相을 32종으로 나눈 것인데 구열具列치 아니하여도 뜻에는 상관이 없는 고로 이를 약한 것이니 필요가 있는 경우에는 사전이나 법수法數를 보면 된다.

5 사무량심四無量心은 자慈·비悲·희喜·사捨의 네 마음이니 이 마음이 광대하여 변제邊際가 없는 고로 무량無量

이라 한다.

6 사섭법四攝法은 첫째, 혜시섭惠施攝이니 재물과 법으로 중생의 요구하는 바에 따라 제도함이요, 둘째, 애어섭愛語攝이니 부드럽고 온화한 말로 제도함이요, 셋째 이행섭利行攝이니 동작·언어·의념意念에 선행善行으로 중생을 이익케 하여 제도함이요, 넷째, 동사섭同事攝이니 악을 만나매 악을 같이 행하여 그 악을 끊게 하고, 선을 만나매 선을 같이 행하여 그 선을 증진케 함이다.

7 삼십칠도품은 사념처·사정근·사신족·오근·오력·칠각지·팔정도 등이다.

사념처四念處는 첫째, 신부정념身不淨念이니 곧 육신은 부정하다고 생각하는 것이요, 둘째, 수고념受苦念이니 우리 마음에 낙이라 하는 음행·자녀·재물 등을 보고 낙이라고 하는 것은 참 낙이 아니고 모두 고통이라고 생각하는 것이요, 셋째, 심무상념心無常念이니 우리의 마음은 항상 그대로 있는 것이 아니고 늘 변화·생멸하는 무상한 것이라고 생각하는 것이요, 넷째, 법무아념法無我念이니 만유에 대하여 실로 자아自我인 실체가 없으며, 또 나에게 속한 모든 물건을 내 소유물이라고 하는 데 대해서도 모두 일정한 소유자가 없다는 무아관을 말함이다.

사정근四正勤은 사념처 다음에 닦는 법으로 선법善法을
더욱 자라게 하고 악업惡業을 멀리 하려고 부지런히 수
행하는 네 가지 법이다. 첫째, 이미 생긴 악을 없애려
고 부지런함, 둘째, 아직 생기지 않은 악을 미리 방지
하려고 부지런함, 셋째, 이미 생긴 선은 더욱더 자라게
하려고 부지런함, 넷째, 아직 생기지 않은 선은 생기도
록 부지런히 행함(已生惡令滅 未生惡令不生 已生善令長 未
生善令生).

사신족四神足은 일명 사선정四禪定이니 선정을 닦으면
정혜균족定慧均足한 고로 신족神足이라 하느니 선정욕禪
定慾·정진精進·일심一心·사유思惟가 이것이다.

오근五根은 신근信根·진근進根·염근念根·정근定根·혜근
慧根을 말한다.

오력五力은 신력信力·진력進力·염력念力·정력定力·혜력慧
力을 말한다.

칠각지七覺支는 각覺은 각찰覺察의 뜻이고 지支는 분류의
뜻이니, 각을 7종으로 분류하면 택법擇法·정진법精進法·
희법喜法·제법除法·사법捨法·정법定法·염법念法이다.

팔정도八正道는 정견正見·정사유正思惟·정어正語·정업正

業·정정진正精進·정정正定·정념正念이다.

8 염처念處 등은 즉 삼십칠도품道品이다.

9 팔난八難은 부처님을 보고 법을 듣는 데 여덟 가지의
   장애가 있음을 말하는 것인데, 곧 지옥·아귀餓鬼·축
   생畜生·울단월鬱單越(Uttarakuru, 북방의 대주大洲니 복락福
   樂이 승한 고로 불법을 희구치 아니함이다.)·장수천長壽天·
   농맹음아聾盲瘖瘂·세지변총世智辨聰·불전불후佛前佛後이
   다. 이 가운데 지옥·아귀·축생은 고통이 너무 심해서
   불법을 듣지 못하고, 울단월·장수천은 즐거움이 너무
   많아서 불법을 듣지 못한다 한다.

10 삼악三惡은 삼악도三惡道의 약칭인데 지옥·아귀·축생
   이다.

11 단명短命하지 아니함은 불살不殺의 보報요, 크게 부富함
   은 부도不盜의 보요, 범행梵行은 불음不婬의 보요, 성제
   誠諦는 불망어不妄語의 보요, 연어軟語는 불악구不惡口의
   보요, 권속이 헤어지지 아니하고 다투는 일을 잘 화해
   시킴은 불양설不兩舌의 보요, 말이 반드시 이익이 됨은
   불기어不綺語의 보요, 샘내지 아니함은 불탐不貪의 보
   요, 성내지 아니함은 부진不瞋의 보요, 정견正見은 불치
   不癡의 보이다.

이는 일체 선법이 곧 정토임을 설하심이다. 흙(土) 자체에 염정染淨이 있음이 아니라, 중생의 미오迷悟에 따라 염정의 차가 있음이니, 미혹하여 악업을 행하면 염토染土 아닌 곳이 없고, 깨달아서 선법을 행하면 정토 아닌 곳이 없다.

10.

이 같으니라. 보적아, 보살이 그 곧은 마음을 따르면 곧 능히 행을 발하게 되고, 그 행을 발함을 따라서 곧 깊은 마음을 얻고, 그 깊은 마음을 따르면 곧 뜻이 조복調伏되고, 그 조복됨을 따르면 곧 말과 같이 행하고, 말과 같이 행함을 따르면 곧 능히 회향迴向하고, 그 회향을 따르면 곧 방편이 있고, 그 방편을 따르면 곧 중생을 성취하고, 중생을 성취함을 따르면 곧 불토가 정淨하고, 불토가 정해짐을 따르면 곧 설법이 정해지고, 설법이 정해짐을 따르면 곧 지혜가 정해지고, 지혜가 정함을 따르면 곧 그 마음이 정해지고, 그 마음이 정함을 따르면 곧 일체 공덕이 정해지느니 이런 고로 보적아, 만약 보살이 정토를 얻고자 한다면 마땅히 그 마음을 정하게 할 것이다. 그 마음이 정해짐을 따르면 곧 불토가 정하느니라.

如是寶積 菩薩隨其直心 則能發行 隨其發行 則得深心 隨其深心 則意調伏 隨意調伏 則如說行 隨如說行 則能迴向 隨其迴向 則有方便 隨其方便 則成就衆生 隨成就衆生 則佛土淨 隨佛土淨 則說法淨 隨說法淨 則智慧淨 隨智慧淨

則其心淨 隨其心淨 則一切功德淨 是故寶積 若菩薩欲得

淨土 當淨其心 隨其心淨 則佛土淨

이는 정토행을 닦는 계점階漸[50]을 말씀함이다. 그러나 일체의 선악정추善惡精麤가 다 자심自心의 나타남인 고로 직심直心으로 시작해서 심정心淨으로 끝남이다. 마음이 정하면 불토가 정해지느니 마음이 부정하면 불토가 부정할 것이다. 자심을 떠나서 정토를 구함은 땅을 파고 하늘을 봄(覓)과 같은 것이다.

---

50   닦아가는 점차漸次. 순서

11.

그때에 사리불舍利弗[1]이 부처님의 위신威神을 이어 생각을
가지되 만약 보살의 마음이 정淨하면 곧 불토가 정하다
할진대 우리 세존이 본래 보살이실 때에 뜻이 어찌 정하
지 못하였기에 이 불토가 이렇게 정淨하지 못합니까.

爾時舍利弗 承佛威神 作是念 若菩薩心淨 則佛土淨者 我
世尊本爲菩薩時 意豈不淨 而是佛土不淨若此

―

사리불舍利弗(Śāriputra)은 석가의 십대제자 중 지혜가 가

장 많은 사람. 16나한의 하나. 이는 사리불이 의심을

발하되 보살의 마음이 정하면 불토가 정하다 할진대,

부처님이 전에 보살이 되었을 때에 마음이 이미 청정淸

淨하였을지라. 온 세계가 정토로 화하였을 것이거늘 나

는 의연히 정토를 보지 못함은 무슨 까닭입니까.

12.

부처님이 그 생각을 아시고 곧 일러 말씀하시되, 뜻에 어떠하냐? 일월日月이 어찌 정淨치 않으리오. 장님은 보지 못하는도다. 대답하기를 이는 장님의 허물이요 일월의 허물이 아닙니다. 사리불아, 중생의 죄과로 여래 국토의 엄정嚴淨함을 보지 못하느니 나의 이 국토가 정淨하나 네가 보지 못하느니라.

佛知其念 卽告之言 於意云何 日月豈不淨耶 而盲者不見 對曰不也世尊 是盲者過 非日月咎 舍利弗衆生罪故 不見如 來佛土嚴淨 非如來咎 舍利弗 我此土淨 而汝不見

―

불토佛土는 항상 정한 것이거늘 중생이 우미愚迷하여 스스로 보지 못하느니 사리불이 정토를 보지 못함은 불토가 정하지 않음이 아니라 자심自心이 깨끗하지 못함이니라.

13.

그때에 나계범왕螺髻梵王이 사리불에게 말하되, 이 생각을 지어 이 불토가 정淨치 못하다고 이르지 말지라. 그 까닭은 내가 석가모니[1]의 국토가 청정함을 보매 비유컨대 자재천궁自在天宮[2]과 같도다. 사리불이 말하되, 나는 이 국토를 보매 구릉丘陵, 구덩이, 형극荊棘, 사력沙礫, 토석土石, 제산諸山, 예악穢惡이 충만하도다.

나계범왕이 말하되, 인자仁者의 마음이 높고 낮음이 있어 불혜佛慧에 의지하지 아니하는 고로 이 국토를 보매 정淨치 아니함이 되느니라. 사리불아, 보살이 일체 중생에 다 평등하여 심신深心 청정하여 부처님의 지혜에 의지하면 곧 능히 이 불토의 청정함을 보리라.

爾時螺髻梵王 語舍利弗 勿作是意 謂此佛土以爲不淨 所以者何 我見釋迦牟尼佛土淸淨 譬如自在天宮 舍利弗言 我見此土 丘陵 坑坎 荊棘 沙礫 土石 諸山 穢惡充滿 螺髻梵王言 仁者心有高下 不依佛慧 故見此土爲不淨耳 舍利弗 菩薩於一切衆生 悉皆平等 深心淸淨 依佛智慧 則能見此 佛土淸淨

1 석가모니불釋迦牟尼佛(Śakyamuni)의 석가는 능인能仁이란

  뜻이고 모니牟尼는 적묵寂默이란 뜻이니 부처님의 이칭

  異稱이다.

2 자재천自在天은 욕계欲界 최고最高의 천天으로 그 궁전이

  극히 엄징嚴淨하다 하느니라. 마음에 높고 낮음이 있는

  고로 땅 위에 구덩이가 있느니 일념이 평등하면 파란만

  장의 고해만경苦海萬頃도 춘수면경春水面鏡의 선계仙界로

  변할 것이다.

14.

이에 부처님이 발가락으로 땅을 누르시니 즉시에 삼천대천세계가 여러 가지 진귀한 보배로 장엄한 것이 마치 보장엄불寶莊嚴佛의 무량 공덕으로 장식한 보장엄토寶莊嚴土와 같은지라. 일체 대중이 미증유라 찬탄하고 모두 보련화寶蓮華에 앉음을 보는지라. 부처님이 사리불에게 이르시되, 네가 이 불토의 엄정嚴淨을 보느냐. 사리불이 말씀하시되, 그렇습니다. 세존이시여, 이것은 본래 보지 못하던 바며, 본래 듣지 못하던 것인데, 이제 불국토의 엄정이 다 나타남이로다. 부처님이 사리불에게 이르시되, 나의 불국토가 늘 맑음이 이와 같되, 이 변변치 못한 사람을 제도코자 하는 고로 이 여러 가지 나쁜 국토를 보임이라. 비유컨대, 제천諸天이 한 가지 보기寶器로 음식을 먹더라도 그 덕복福德을 따라 밥 빛이 다름이 있음과 같으니라. 이와 같아서, 사리불아, 만약 사람의 마음이 맑으면 문득 이 국토의 공덕장엄功德莊嚴을 보느니라.

於是佛以足指按地 卽時三千大千世界若干百千珍寶嚴飾 譬如寶莊嚴佛無量功德寶莊嚴土 一切大衆 歎未曾有 而

皆自見坐寶蓮華 佛告舍利弗 汝且觀是佛土嚴淨 舍利弗言

唯然 世尊 本所不見 本所不聞 今佛國土 嚴淨悉現 佛語

舍利弗 我佛國土 常淨若此 爲欲度斯下劣人故 示是衆惡

不淨土耳 譬如諸天 共寶器食 隨其福德 飯色有異 如是 舍

利弗 若人心淨 便見此土功德莊嚴

15.

부처님이 이 국토의 엄정嚴淨을 나타내어 보이실 적에 보
적이 거느린 바 5백 장자의 아들이 다 무생법인無生法忍[1]
을 얻고 8만 4천 인은 다 아뇩다라삼먁삼보리심阿耨多羅三
藐三菩提心을 발하였는데 부처님이 신통을 거두시매 이 세
계가 다시 예전과 같은지라. 성문승聲聞乘[2]을 구하는 3만
2천의 제천과 땅에 사는 사람은 유위법有爲法이 모두 무
상함을 알고 진塵을 멀리하고 때(垢)[3]를 멀리함에 법안정法
眼淨을 얻으며, 8천 비구는 모든 법을 받지 아니하여[4] 누
漏가 다하고 뜻이 풀리느니라.[5]

當佛現此國土嚴淨之時 寶積所將五百長者子 皆得無生法
忍 八萬四千人皆發阿耨多羅三藐三菩提心 佛攝神足 於是
世界還復如故 求聲聞乘三萬二千諸天及人 知有爲法皆悉
無常 遠塵離垢 得法眼淨 八千比丘 不受諸法 漏盡意解

—

1 무생법인無生法忍은 생멸을 떠난 법이니 인忍은 부동不動의 뜻이다.

2 성문승聲聞乘은 설법의 음성을 듣고 진리를 깨닫는 자를 말함이니, 승乘은 법이라. 성문은 견혹見惑과 사혹思惑은 끊었으나 작은 미혹을 끊지 못하고, 자리自利는 얻었으나 남을 제도하지 못하는 고로 소승小乘이라 하는 것이다.

3 진塵은 일체의 외경外境이요, 구坵는 미혹迷惑의 집착이다.

4 모든 법을 받지 아니한다 함은 제법諸法에 집착하지 아니함이다.

5 누漏는 변이變異의 뜻이니 누가 다함은 무상한 유루법有漏法을 떠나 불생불멸의 무루법無漏法을 얻음이요, 의意는 의혹疑惑이니, 뜻이 풀림은 보고(見) 생각(思)하는 두 가지 미혹을 끊음이다. 이는 불의 설법을 듣고 이익을 입음을 밝힘이니 불국품佛國品이 여기에서 끝난다.

제2

방편품 方便品

1.

그때에 비야리毘耶離 큰 성 가운데 장자가 있으니 이름이
유마힐維摩詰이다. 일찍이 한량없이 모든 부처님을 공양하
여 깊이 선본善本을 심고, 무생인無生忍을 얻어 변재辯才가
걸림이 없으며, 신통神通에 유희遊戲하여 총지摠持에 미치
며, 두려운 바 없으므로 마로원魔勞怨[1]을 항복받고, 깊이
법문法門에 들어 지혜바라밀智慧波羅蜜을 얻고, 방편을 통
달하여 큰 소원을 성취하며, 중생의 생각하는 바를 밝혀
요달了達하고, 또 모든 근기의 영리하고 둔함을 분별하며
불도에 마음이 이미 순숙純淑[51]한 지 오래이매 대승을 같
이 믿고 모든 행하는 바에 깊이 생각을 하며, 부처님의 위
의威儀에 머물러서 마음의 큼이 큰 바다와 같아 모든 부
처님이 칭찬하며 제자·석釋·범梵·세주世主[2]의 공경하는
바이다.

爾時毘耶離大城中 有長者 名維摩詰 已曾供養無量諸佛
深植善本 得無生忍 辯才無碍 遊戲神通 逮諸摠持 獲無所

畏 降魔勞怨 入深法門 善於智度 通達方便 大願成就 明了
衆生心之所趣 又能分別諸根利鈍 久於佛道 心已純淑 決
定大乘 諸有所作 能善思量 住佛威儀 心大如海 諸佛咨嗟
弟子釋梵世主所敬

노로勞는 진로塵勞, 원怨은 원적怨賊이다.

석釋은 제석帝釋이니 욕계欲界의 제이천第二天 즉 도리천

忉利天의 주요, 범梵은 범천梵天이요, 세주世主는 세간의

군주를 말한다. 이것은 이 경經의 주인공인 유마힐維摩

詰의 실덕實德과 권용權用을 서술함이다.

2.

사람을 제도코자 하는 고로 좋은 방편으로써 비야리毘
耶離에 살고 계시되 재물이 한량없어 모든 빈민을 거두
며, 계행 받들기를 청정淸淨히 하여 모든 훼금毁禁[1]을 거두
며, 참음으로써 행동을 다스려(調) 모든 에노恚怒를 거두
며, 큰 정진으로써 모든 게으름을 거두며, 일심一心이 선
적禪寂하여 모든 산란한 마음을 거두며, 결정혜決定慧[52]로
써 모든 무지無智를 거두며, 비록 백의白衣[2]가 되었으나 사
문沙門[3]의 청정한 율행律行을 받들어 가지며, 비록 가정에
있더라도 삼계三界에 집착하지 아니하며, 처자 있음을 보
이나 늘 범행梵行[4]을 닦고, 권속을 두었으나 늘 멀리하기
를 즐기며, 비록 보식寶飾[53]을 입었으나 상호相好로써 몸
을 장엄하며, 비록 음식을 먹으나 선열禪悅로써 재미를 삼
으며, 만약 바둑과 장기의 놀이에 이를지라도 문득 그로
써 사람을 제도하고, 모든 이도異道[5]를 받기는 하되 정신
正信을 헐지 아니하며, 비록 세전世典[6]에 밝으나 늘 불법을
즐기며, 일체 대중에 공경을 보여 공양 중에 으뜸을 삼으

---

52   결정적으로 변동되지 않는 지혜. 곧 반야바라밀 ·
53   좋은 옷과 장신구들로 꾸밈

며,[7] 정법正法을 잡아 가져서 모든 어른과 어린이를 거두며, 일체의 치생治生이 해우諧偶[8]하여 비록 속리俗利를 얻으나 그로써 기뻐하지 아니하며, 모든 네거리에 놀면서 중생을 이롭게 하나 치정治正의 법[9]에 들어가서 일체를 구호하며, 강론하는 곳에 들어가서 대승법으로써 인도하며, 모든 학당에 들어가서 아동의 몽매를 이끌어 깨우쳐 주며, 모든 청루青樓[54]에 들어가서 음욕의 허물을 보여주며, 모든 술집에 들어가서 능히 그 뜻을 세운다.

欲度人故 以善方便 居毘耶離 資財無量 攝諸貧民 奉戒淸淨 攝諸毀禁 以忍調行 攝諸恚怒 以大精進 攝諸懈怠 一心禪寂 攝諸亂意 以決定慧 攝諸無智 雖爲白衣 奉持沙門 淸淨律行 雖處居家 不著三界 示有妻子 常修梵行 現有眷屬 常樂遠離 雖服寶飾 而以相好嚴身 雖復飮食 而以禪悅爲味 若至博弈戲處 輒以度人 受諸異道 不毀正信 雖明世典 常樂佛法 一切見敬 爲供養中最 執持正法 攝諸長幼 一切治生諧偶 雖獲俗利 不以喜悅 遊諸四衢 饒益衆生 入治正法 救護一切 入講論處 導以大乘 入諸學堂 誘開童蒙 入諸

---

54   푸른 색칠을 한 누각. 곧 기생집

婬舍 示欲之過 入諸酒肆 能立其志

1   훼금毀禁은 금계禁戒를 훼범毀犯함이다.

2   백의白衣는 치의緇衣의 반대말로 재가인在家人의 옷을
    말함이다.

3   사문沙門(śramana)은 한역漢譯하면 근식勤息인데 부지런
    히 선법善法을 닦고 악법惡法을 지식止息하는 뜻이니 출
    가하여 불도를 닦는 자의 통칭이다.

4   범행梵行은 정계淨戒의 행행行이다.

5   이도異道는 불법 이외의 도니 비록 다른 것을 배워 수
    용하나 불법에 대對한 정신正信을 훼손치 아니함이다.

6   세전世典은 불서佛書 이외의 서적을 말함이다.

7   자기를 겸하謙下하고 일체를 공경하여 이를 무형의 공
    양으로 만드는 것이다.

8   치생治生은 치생의 산업이요, 해우諧偶는 조해선우調諧
    善偶[55]함이다.

9   치정治正의 법은 즉 재판의 법률이다.

---

55   때와 연이 조화롭게 잘 어울림

3.

만약 장자와 있게 되면 장자 중의 어른이 되어 승법勝法[56]
을 설하며, 만약 거사居士[1]와 있게 되면 거사 중의 어른
이 되어 탐착貪著을 끊어 주며, 만약 찰리刹利[2]에 있게 되
면 찰리 중의 어른이 되어 인욕忍辱으로써 가르치며, 만
약 바라문婆羅門[3]에 있게 되면 바라문 중의 어른이 되어
그 아만我慢을 없애 주며, 만약 대신大臣과 있게 되면 대
신 중의 어른이 되어 정법正法으로써 가르치며, 만약 왕자
와 있게 되면 왕자 중의 어른이 되어 충효로써 보여 주며,
만약 내관內官과 있게 되면 내관 중의 어른이 되어 궁녀를
바로 교화하며, 만약 서민과 있게 되면 서민 중의 어른이
되어 복력福力을 일으키며, 만약 범천梵天에 있게 되면 범
천 중의 어른이 되어 수승殊勝한 지혜로써 가르치며, 만
약 제석帝釋에 있게 되면 제석 중의 어른이 되어 무상함
을 보여주며, 만약 호세護世[4]에 있게 되면 호세 중의 어른
이 되어 모든 중생을 두호斗護[57]하느니, 장자 유마힐이 이
같은 한량없는 방편으로 중생을 이익하게 하니라.

---

56   뛰어난 법. 논論에서는 아비담마를 승법이라 한다.
57   두둔하고 보호함

若在長者 長者中尊 爲說勝法 若在居士 居士中尊 斷其貪
著 若在刹利 刹利中尊 教以忍辱 若在婆羅門 婆羅門中尊
除其我慢 若在大臣 大臣中尊 教以正法 若在王子 王子中
尊 示以忠孝 若在內官 內官中尊 化正宮女 若在庶民 庶民
中尊 令興福力 若在梵天 梵天中尊 誨以勝慧 若在帝釋 帝
釋中尊 示現無常 若在護世 護世中尊 護諸衆生 長者維摩
詰 以如是等無量方便 饒益衆生

1 거사居士는 출가하지 않고 집에 머물면서 불도를 닦는 자를 말함이다.

2 찰리利利(kṣatriya)는 한역하면 토전주土田主라 하는데 인도 사성四姓 중의 하나이다. 서민을 다스리고 군정軍政을 행하는 종성種姓이며 바라문 다음에 있다.

3 바라문婆羅門(Brāhmaṇa)은 한역하면 정행淨行으로 인도 사성 중 최고 지위에 있는 종족으로 승려의 계급이다.

4 호세護世는 호세사천왕護世四天王이니 욕계欲界 제일천第一天의 주主로 이는 유마힐이 각종의 방편으로 유類를 따라 일체를 제도함이다.

4.

그 방편方便으로 몸에 병이 있음을 보일새, 그 병의 연고
로 국왕·대신·장자·거사·바라문 등과 모든 왕자와 아울
러 남은 관속 등 수천 인이 다 가서 문병하거늘, 그 가는
자에게 유마힐은 신병으로 인因하여 널리 설법하되, 모든
인자仁者여, 이 몸은 떳떳함도 없고 강함도 없고 힘도 없
고 굳음도 없어 속히 썩는 법이라 가히 믿지 못할 것이며,
고통이 되고 번뇌가 되어 뭇병으로 모인 바이니라.

모든 인자여, 이 같은 몸은 명지자明智者[58]의 믿지 않는 바
이니라. 이 몸은 거품을 모은 것과 같아 가히 만질 수가
없으며, 이 몸은 물방울과 같아서 오래 서지 못하며, 이
몸은 염焰[1]과 같아서 갈애渴愛로부터 나며, 이 몸은 파초
와 같아서 속에 굳음이 없으며, 이 몸은 환幻과 같아 전
도顚倒로부터 일어나며, 이 몸은 꿈과 같아서 허망虛妄의
견見이 되며, 이 몸은 그림자와 같아서 업연業緣을 좇아
나타나며, 이 몸은 메아리와 같아서 모든 인연에 속했으
며, 이 몸은 뜬구름과 같아서 잠깐 사이에 변멸變滅하며,

---

58   지혜 있는 이. 무상·무아의 지혜를 깨달은 이

이 몸은 번개와 같아서 염념念念에 머물지 아니하며, 이 몸은 주主가 없으니 땅과 같으며, 이 몸은 내가 없으니 불과 같으며, 이 몸은 수명이 없으니 바람과 같으며, 이 몸은 사람이란 자체가 없으니 물과 같으며, 이 몸은 실實답지 아니하여 사대四大로 집을 삼으며, 이 몸은 허공과 같은지라.[2] 나와 내것[3]을 여의었으며, 이 몸은 앎이 없으니 초목과 기왓장 같으며, 이 몸은 지음이 없으니 바람에 굴려지는 바며, 이 몸은 깨끗하지 못하여 더러운 것이 가득 찼으며, 이 몸은 허위라 비록 목욕하고 옷을 입고 밥을 먹으나 반드시 마멸磨滅하며, 이 몸은 재앙이 되어 백한 가지의 병뇌病惱[4]며, 이 몸은 언덕이나 우물과 같아 늙는 데 핍박되는 바가 되며, 이 몸은 결정이 없는지라 마땅히 죽음이 되며, 이 몸은 독사와 같고 원적怨賊[5]과 같으며, 공취空聚[6]와 같아 음계陰界 제입諸入[7]의 함께 이룬 바니라.

其以方便 現身有疾 以其疾故 國王大臣長者居士婆羅門
等 及諸王子幷餘官屬 無數千人 皆往問疾 其往者 維摩詰
因以身疾 廣爲說法 諸仁者 是身無常 無强 無力 無堅 速
朽之法 不可信也 爲苦爲惱 衆病所集 諸仁者 如此身 明智
者所不怙 是身如聚沫 不可撮摩 是身如泡 不得久立 是身

如焰 從渴愛生 是身如芭蕉 中無有堅 是身如幻 從顛倒起 是身如夢 爲虛妄見 是身如影 從業緣現 是身如響 屬諸因緣 是身如浮雲 須臾變滅 是身如電 念念不住 是身無主 爲如地 是身無我 爲如火 是身無壽 爲如風 是身無人 爲如水 是身不實 四大爲家 是身爲空 離我我所 是身無知 如草木瓦礫 是身無作 風力所轉 是身不淨 穢惡充滿 是身爲虛僞 雖假以澡浴衣食 必歸磨滅 是身爲災 百一病惱 是身如丘井 爲老所逼 是身無定 爲要當死 是身如毒蛇 如怨賊 如空聚 陰界諸入所共成

―

이 이하는 유마힐이 거짓병을 빌어(借) 종종의 방편으로 설법함이니 먼저 색신의 무상을 설함이다.

1 염焰은 양염陽燄[59]이라 목마른 사슴(渴鹿)이 양염을 보고 물로 오인했는데, 이는 실새實在가 아님이다.

2 지수화풍地水火風은 분자의 화합이요, 인연의 취산聚散이라 실유實有가 아닌 고로 신체의 무상함도 이와 같음이다.

3 오음五陰 가운데 색 즉 색신色身을 '나'라 하고, 수受·상想·행行·식識 즉 심적 작용을 '내것'이라 한다.

4 인신人身은 사대四大의 화합체다. 한 대大에 백하나의 병이 있으니, 사대를 합하면 사백네 개의 병이다. 이에 백일병뇌百一病惱라 함은 한 대를 들어(擧) 사대를 예例함이다.

5 색신色身의 망욕妄欲과 병고로 진정한 본심을 해害함이 독사와 원적과 같음이다.

---

6 취聚는 취락聚落이니 공취空聚는 실제로 없음이다.

7 음陰은 오음(色·受·想·行·識)이요, 계界는 십팔계(六根·
六塵·六識)요, 입入은 십이입(六根·六塵)이다.

5.

모든 인자仁者여, 이 가히 환염患厭할지라, 마땅히 불신佛
身을 즐겨 할지니 어떠한 까닭이뇨. 불신은 곧 법신法身[1]
이라 한량없는 공덕지혜功德智慧에 따라 생겨나며, 계계戒·
정定·혜慧·해탈解脫·해탈지견解脫知見에 따라 생겨나며, 자
비희사慈悲喜捨에 따라 생겨나며, 보시布施·지계持戒·인욕
忍辱·유화柔和·근행勤行·정진精進·선정禪定·해탈삼매解脫三
昧[2]·다문지혜多聞智慧의 모든 바라밀波羅蜜[3]에 따라 생겨나
며, 방편에 따라 생겨나며, 육통六通[4]에 따라 생겨나며, 삼
명三明[5]에 따라 생겨나며, 삼십칠도품三十七道品에 따라 생
겨나며, 지관止觀[6]에 따라 생겨나며, 십력十力·사무소외四
無所畏·십팔불공법十八不共法에 따라 생겨나며, 일체의 착
하지 못한 법을 끊고 법을 쌓음에 따라 생겨나며, 진실에
따라 생겨나며, 방일放逸치 않음으로 해서 생겨나는지라.
이 같은 한량없는 청정한 법을 좇아 여래의 몸이 생겼으
니 모든 인자여, 불신을 얻어 일체의 중생병을 끊고자 할
진대 마땅히 아뇩다라삼먁삼보리심阿耨多羅三藐三菩提心을
발할지니라. 이같이 하여 장자 유마힐이 모든 문병자를
위하여 응함과 같이 법을 설하여 무수천인으로 하여금

다 아뇩다라삼먁삼보리심을 발하게 하니라.

諸仁者 此可患厭 當樂佛身 所以者何 佛身者卽法身也 從
無量功德智慧生 從戒定慧解脫解脫知見生 從慈悲喜捨生
從布施 持戒 忍辱 柔和 勤行 精進 禪定 解脫三昧 多聞智
慧 諸波羅蜜生 從方便生 從六通生 從三明生 從三十七道
品生 從止觀生 從十力 四無所畏 十八不共法生 從斷一切
不善法 集一切善法生 從眞實生 從不放逸生 從如是無量
清淨法 生如來身 諸仁者 欲得佛身 斷一切衆生病者 當發
阿耨多羅三藐三菩提心 如是長者維摩詰 爲諸問疾者 如應
說法 令無數千人 皆發阿耨多羅三藐三菩提心

1 법신法身은 구각軀殼에 계박係縛되지 아니하는 이성을 이름이다.

2 삼매三昧(samādhi)는 하나의 대상에만 마음을 집중시키는 일심불란一心不亂의 경지. 삼마제三摩提·삼마야三摩也·정정正定이라고도 함.

3 바라밀波羅蜜(pāramitā)은 바라밀다·파라미다·도피안到彼岸·도무극度無極·도度라고도 함. 피안彼岸은 곧 이상의 경지에 이르고자 하는 보살 수행의 총칭이다.

4 육통六通은 천안통天眼通·천이통天耳通·타심통他心通·숙명통宿命通·신여의통身如意通·누진통漏盡通이다.

5 삼명三明은 숙명명宿命明·천안명天眼明·누진명漏盡明이다.

6 지관止觀의 지는 난심亂心을 지식止息함이요, 관觀은 묘법을 관조觀照함이다.

제3

제자품

弟子品

1.

그때에 장자 유마힐維摩詰이 스스로 생각하기를, 병들어 자리에 누웠으되 세존은 크게 자비로우신데 어찌 불쌍히 여기지 않으시는가 하니, 부처님께서 그 뜻을 아시고 곧 사리불舍利弗께 이르시되, 네가 유마힐에게 나아가서 문병하라.

사리불이 부처님께 아뢰어 말하기를, 세존이시여, 저는 거기에 나아가 문병함을 감당하지 못하겠습니다. 왜냐하면 생각해 보건대 제가 일찍이 수풀 속 나무 밑에서 연좌宴坐[1]할 때에 유마힐이 와서 말씀하시되, 사리불아, 반드시 앉는 것만이 연좌가 아니며[2] 대저 연좌란 것은 삼계三界에 신의身意를 나타내지 않는 것[3]이 연좌이며, 멸정滅定[4]에서 일어나지 않고 모든 위의威儀를 나타냄이 이 연좌가 되며, 도법道法[5]을 놓지 않고 범부凡夫의 일을 나타냄이 이 연좌가 되며, 마음이 안에도 있지 아니하고 또한 밖에도 있지 아니함[6]이 연좌가 되며, 제견諸見[7]에 움직이지 아니하고 삼십칠도품三十七道品을 수행함이 이 연좌가 되며, 번뇌煩惱를 끊지 아니하고 열반[8]에 듦이 이 연좌가 되느니, 만약 능히 이같이 앉은 자는 부처님의 인가印可[9]하는 바

이라 하거늘, 때에 우리 세존이시여, 이 말을 듣고 묵묵히
그쳐서 능히 대답을 더하지 못하였사오니 이런 까닭으로
저는 거기에 가서 문병함을 감당치 못하겠습니다.

爾時 長者維摩詰 自念寢疾於牀 世尊大慈 寧不垂愍 佛知
其意 卽告舍利弗 汝行詣維摩詰問疾 舍利弗白佛言 世尊
我不堪任詣彼問疾 所以者何 憶念我昔 曾於林中 宴坐樹
下 時維摩詰來謂我言 唯舍利弗 不必是坐爲宴坐也 夫宴
坐者 不於三界現身意 是爲宴坐 不起滅定 而現諸威儀 是
爲宴坐 不捨道法 而現凡夫事 是爲宴坐 心不住內亦不在
外 是爲宴坐 於諸見不動 而修行三十七道品 是爲宴坐 不
斷煩惱 而入涅槃 是爲宴坐 若能如是坐者 佛所印可 時我
世尊 聞是語 默然而止 不能加報 故我不任詣彼問疾

이 이하는 부처님이 유마힐의 미의微意[60]를 아시고 제자 등에게 문질問疾을 명하시매 제자 등이 그 임무를 받들어 감당치 못하는 이유를 설명함이다.

1 연좌宴坐는 정좌靜坐니 어지러운 마음을 섭조攝調하기 위하여 정좌하는 것이다.

2 마음을 정하는 연좌는 외경에 있음이 아니거늘 임중 수하林中樹下의 적경寂境을 취하는 고로 이를 책함이다.

3 진정한 연좌는 제경諸境을 초월하고 보고 들음을 끊어 삼계三界 즉 외경에 신심을 현착現着치 아니함이다.

4 멸정滅定은 멸진정滅盡定이다. 온갖 생각을 멸진滅盡하고 심성心性이 공적空寂함이니, 위의威儀를 그치고 멸정에 들어가며 멸정에서 일어나 위의를 만들면 이는 외형의 연좌요 내심의 연좌가 아니니, 위의를 만드는 중에 멸정에 들어가고, 멸정에서 일어나지 아니하고 위의를 만듦이 비로소 내심의 적정이요, 진정한 연좌이다.

---

60 깊이 속마음에만 있고 겉으로 드러나지 않는 뜻

5   성도聖道와 범정凡情이 이도二道가 아님을 이름이다.

6   마음이 내외의 어디에든지 집착하는 자리가 있으면 연
    좌가 아닌 것이다.

7   제견諸見을 버리고 별도로 도품道品을 취하지 아니함을
    보임이다.

8   열반涅槃(nirvana)은 한역으로 적멸寂滅이라고도 하는데
    미혹하면 열반이 곧 번뇌요, 깨달으면 번뇌가 곧 열반
    이니 번뇌와 열반은 이치二致가 없음이다.

9   인가印可는 승인承認의 뜻이다.

2.

부처님이 대목건련大目犍連[1]에게 이르시되, 네가 유마힐維
摩詰에게 가서 문병을 하라. 목련이 부처님에게 아뢰어 말
씀드리기를, 세존이시여, 저는 거기에 가서 문병함을 감
당하지 못하겠습니다. 무슨 까닭이겠습니까. 생각해 보
니, 제가 옛적에 비야리毘耶離 큰 성에 들어가 동네 가운
데서 모든 거사居士를 위하여 설법했더니 이때에 유마힐
이 와서 저에게 일러 말하되, 대목건련아, 백의거사白衣居
士를 위하여 마땅히 인자仁者가 설하는 바와 같이 아니할
것이라. 다만 법을 설하는 자는 마땅히 법과 같이 설할
것이다.

법은 중생이 없으니[2] 중생의 때(時)를 여읜 까닭이며, 법
은 내(我)가 있지 않은지라 나의 때를 여읜 까닭이며,[3] 법
은 수명이 없으니 생사를 여읜 까닭이며,[4] 법은 남(他人)
이 없으니 전후제前後際[5]가 끊어진 까닭이며, 법은 항상
적연寂然하니 모든 상相을 멸한 까닭이며, 법은 상相을 여
읜지라[6] 반연攀緣하는 바가 없는 까닭이며, 법은 이름(名)
이 없으니 언어가 끊어진 까닭이며, 법은 설함이 없으니
각관覺觀[7]을 여읜 까닭이며, 법은 형상이 없으니 허공과

같은 까닭이며, 법은 희론戲論이 없으니 필경 빈(空) 까닭이며, 법은 아소我所[8]가 없으니 아소를 여읜 까닭이며, 법은 분별이 없으니 제식諸識[9]을 여읜 까닭이며, 법은 비교할 것이 없으니 서로 기다림이 없는 까닭이며, 법은 타인(因)에 속하지 아니하느니 연緣에 있지 아니한 까닭이며, 법은 법성法性[10]과 같으니 모든 법에 들어가는 까닭이며, 법은 여如[11]에 따르니 따르는 바가 없는 까닭이며, 법은 실제에 머무니[12] 모든 변견邊見에 움직이지 아니하는 까닭이며, 법은 동요가 없으니 육진六塵[13]에 의하지 않는 까닭이며,[14] 법은 거래가 없으니 항상 머물지 않는 까닭이며, 법은 공空을 순히 하여 따르되 상相이 없고 응하되 지음이 없으며,[15] 법은 좋고 추함을 여의어 더하고 덜함이 없으며, 법은 나고 멸함이 없으며, 법은 돌아갈 바가 없으며, 법은 눈·귀·코·혀·몸·마음을 여의었으며, 법은 높고 낮음이 없으며, 법은 늘 머물러 움직이지 아니하며, 법은 일체의 관행觀行[16]을 여의느니 저 대목련아, 법상法相[17]이 이 같으니 어찌 가히 설하리오. 다만 법을 설하는 자는 설함도 없고 보임도 없으며, 법을 듣는 자도 들을 것도 없고 얻을 것도 없어서, 비유컨대 환사幻士가 환인幻人을 위하여 법을 설함과 같으니 마땅히 이 뜻을 세워 법을 설할지니라. 마땅히 중생의 근기가 날카롭고 무딤이 있음을 알며, 잘 보아서 지견知見에 걸리는 바가 없이 대비심으로써 대승을 칭찬하고 부처님 은혜 갚기를 생각해서 삼보三寶가 끊어지지 않게 한 연후에 법을 설할지니라. 유마힐이 이 법을 설할 때에 팔백 거사가 아뇩다라삼먁삼보리심을 발하였는데 저는 이러한 변재辯才가 없으므로 거기에 가서 문병함을 맡지 못하겠습니다.

佛告大目犍連 汝行詣維摩詰問疾 目連白佛言 世尊 我不堪任詣彼問疾 所以者何 憶念我昔入毘耶離大城 於里巷中爲諸居士說法 時維摩詰來謂我言 唯大目連 爲白衣居士說法 不當如仁者所說 夫說法者 當如法說 法無衆生 離衆生垢故 法無有我 離我垢故 法無壽命 離生死故 法無有人 前後際斷故 法常寂然 滅諸相故 法離於相 無所緣故 法無名字 言語斷故 法無有說 離覺觀故 法無形相 如虛空故 法無戲論 畢竟空故 法無我所 離我所故 法無分別 離諸識故 法無有比 無相待故 法不屬因 不在緣故 法同法性 入諸法故 法隨於如 無所隨故 法住實際 諸邊不動故 法無動搖 不依六塵故 法無去來 常不住故 法順空 隨無相 應無作 法離好醜 法無增損 法無生滅 法無所歸 法過眼耳鼻舌身

心 法無高下 法常住不動 法離一切觀行 唯大目連 法相如是 豈可說乎 夫說法者 無說無示 其聽法者 無聞無得 譬如幻士 為幻人說法 當建是意 而為說法 當了眾生根有利鈍 善於知見無所罣礙 以大悲心讚於大乘 念報佛恩不斷三寶 然後說法 維摩詰說是法時 八百居士 發阿耨多羅三藐三菩提心 我無此辯 是故不任詣彼問疾

¹ 대목건련大目犍連(Mahāmaudgalyāyana)은 부처님의 십대제
   자 중의 하나. 신통神通의 제일이라 이른다. 목련目連이
   유상有相의 법을 설한 까닭에 유마힐이 책責한 것이다.

² 법에는 부처님과 중생의 구별이 없으니 중생에 집착하
   는 무명無明의 진구塵垢를 여읨이다.

³ 법은 타인과 나의 구별이 없으니 나에게 집착하는 때
   를 여읨이다.

⁴ 법은 생사가 없는 고로 수명壽命의 제한이 없다.

⁵ 법은 전후가 없어 평등하고 한결같은 까닭에 타인과
   자기가 없다.

⁶ 법은 모습이 없으니 언어 문자로 분별할 바가 아니다.

⁷ 각관覺觀은 각지관찰覺知觀察이다.

⁸ 법은 법집法執을 여읜 고로 내 것이 없다.

⁹ 제식諸識은 육식六識을 말한다.

¹⁰ 법은 법성法性이 동일하여 피차의 차이가 없는 고로 어
   떤 법에 들어가든지 맞지 않는 자리가 없는 것이다.

¹¹ 여如는 진여眞如니 평등일여平等一如하여 불변부동不變不
   動하는 고로 진여라 말하는데 법은 진여를 따르고 다

른 것은 따르지 아니한다.

12 법은 유무의 두 변견邊見에 동요치 아니하고 중도의 실 제實際에 머물게 된다.

13 육진六塵은 색色·성聲·향香·미味·촉觸·법法인데 법은 육진의 외경에 의하지 않으므로 변동이 없는 것이다.

14 거래去來는 머무는 것의 상대적 현상인데 머무는 것이 없으면 거래도 없게 된다.

15 법은 공적空寂을 수순隨順하여 따르더라도 형상이 없고, 응해도 동작이 없는 것이다.

16 관행觀行은 관찰 행위觀察行爲니 법은 관행의 분별을 떠남이다.

17 법상法相은 실로 모습이 없느니 어찌 유상有相으로 설하리오. 모습이 없는 고로 말하는 자도 실로 말하는 모습(相)이 없고, 듣는 자도 실로 듣는 모습이 없는 것이다.

3.

부처님이 대가섭大迦葉[1]에게 고하시되, 네가 유마힐에게
가서 문병을 하라. 가섭이 부처님께 아뢰어 말씀하기를,
세존이시여, 저는 거기에 가서 문병함을 감당치 못하겠습
니다. 무슨 까닭이겠습니까. 생각해 보니, 제가 전에 가난
한 마을에서 걸식할 때에 유마힐이 와서 저에게 일러 말
하되, 오직 대가섭아, 자비심이 있되 넓지 못하여 부를 버
리고 가난을 좇아 걸식하는도다.

가섭아, 평등법平等法에 머물러서 마땅히 차례로 걸식할
것이며,[2] 먹지 않음을 위하는 까닭으로 마땅히 걸식을 행
할 것이며,[3] 화합상和合相을 깨뜨리려고 하는 까닭에 능히
박식搏食을 취하며,[4] 받지 아니함을 위하는 까닭으로 마
땅히 저 음식을 받을 것이며,[5] 공취상空聚想으로 취락聚落
에 들며,[6] 보는 바 빛은 소경과 같으며 듣는 바 소리는 메
아리와 같으며, 맡는 바 냄새는 바람과 같이 하며, 먹는
바 맛은 분별하지 않으며, 모든 부딪힘을 받되 지증智證과
같으며,[7] 모든 법[8]이 환상과 같음을 알아서 자성自性도 없
고 타성他性도 없으니 본래 스스로 그렇지 않고 이제 곧
멸함이 없느니라.

가섭아, 만약 능히 팔사八邪를 버리지 않고 팔해탈八解脫에 들어 사상邪相으로 정법에 들며,[9] 한 그릇 밥으로 일체 사람에게 보시하며, 모든 부처님과 모든 성현에게 공양[10]한 후에야 가히 먹을지니, 이같이 먹는 자는 번뇌를 둠도 아니고 번뇌를 여윔도 아니며, 정의定意에 드는 것도 아니고 정의에서 일어난 뜻도 아니며, 세간에 머묾도 아니고 열반에 머묾도 아니라.[11] 그 보시하는 자는 큰 복도 없고 작은 복도 없으며, 이익도 되지 아니하고 손해도 되지 아니하느니 이것이 바로 불도에 듦이요, 성문聲聞을 의지하지 아니함이라.[12] 가섭아, 만약 이같이 먹어야 남의 보시를 부질없이 먹지 않음이 되느니라.

세존이시여, 그때 저는 이 말을 듣고 미증유未曾有을 얻어 곧 일체 보살에게 깊이 공경하는 마음을 일으키고, 다시 이 생각을 짓되 가명家名[13]이 있는 이도 변재지혜辯才智慧가 능히 이 같으니 그 누가 아뇩다라삼막삼보리심을 발하지 아니하리오. 제가 이때부터 다시 사람에게 성문벽지불聲聞辟支佛[14]의 행함을 권하지 아니하였습니다. 이런 까닭으로 제가 가서 문병함을 감당치 못하겠습니다.

佛告大迦葉 汝行詣維摩詰問疾 迦葉白佛言 世尊 我不堪

任詣彼問疾 所以者何 憶念我昔於貧里而行乞 時維摩詰
來謂我言 唯大迦葉 有慈悲心 而不能普捨豪富 從貧乞 迦
葉 住平等法 應次行乞食 爲不食故 應行乞食 爲壞和合相
故 應取搏食 爲不受故 應受彼食 以空聚相 入於聚落 所見
色與盲等 所聞聲與響等 所嗅香與風等 所食味不分別 受
諸觸如智證 知諸法如幻相 無自性 無他性 本自不然 今則
無滅 迦葉 若能不捨八邪 入八解脫 以邪相入正法 以一食
施一切 供養諸佛 及衆賢聖 然後可食 如是食者 非有煩惱
非離煩惱 非入定意 非起定意 非住世間 非住涅槃 其有施
者 無大福 無小福 不爲益 不爲損 是爲正入佛道 不依聲聞
迦葉 若如是食 爲不空食人之施也 時我世尊 聞說是語 得
未曾有 卽於一切菩薩 深起敬心 復作是念 斯有家名 辯才
智慧乃能如是 其誰不發阿耨多羅三藐三菩提心 我從是來
不復勸人以聲聞辟支佛行 是故不任詣彼問疾

1 대가섭大迦葉(Mahākāssapa)은 부처님의 십대제자 중의 하나이다. 두타頭陀(두수抖擻라고도 번역하는 것으로 번뇌진구煩惱塵垢를 두수抖擻함이니 정행淨行 고행苦行의 뜻)의 제일이다.

2 복福은 수복修福의 원인, 즉 보시의 과보果報요, 지금 빈궁한 자는 전에 보시를 행치 아니한 보報라, 도인道人이 행걸行乞함은 자기의 생계를 위함이 아니라 보시자로 하여금 복인福因을 만들도록 함이니, 가섭의 뜻에 부자는 이미 복인을 얻어 부를 이루었으니 특히 빈자를 위하여 복인을 만들게 하고자 하는 고로 빈리貧里에 행걸함이다. 유마힐이 이를 책하여, 가섭은 불법을 배위 자비심이 있거늘 이를 평등히 보급하지 못하고 부를 없애고 빈을 따라 차별심을 일으킴은 불가하니 차례로 행걸하여 취사를 행하지 말라 함이다.

3 걸식하되 걸식의 모습을 떠남이다.

4 박식搏食(뭉친 밥을 말함)을 먹되 합취상合聚相을 떠남이다.

5 사람이 보시를 얻되 취사상取捨相이 없음이다.

6 취락聚落에 들되 빈리貧里 부촌富村의 차별상差別相을 떠남이다.

7 육진경계六塵境界에 집착치 아니하여 분별分別을 떠남이다.

8 제법은 체성體性이 없어 환幻과 같아서 자기에도 의지하지 아니하는 고로 자성自性이 없고, 다른 것에도 의지하지 아니하는 고로 타성他性이 없음이다. 본래 생生이 없으니 어찌 멸함이 있으리오.

9 팔사八邪는 사견邪見·사사유邪思惟·사어邪語·사업邪業·사명邪命·사념邪念·사정진邪精進·사정邪定이라고도 하고, 팔해탈八解脫은 곧 팔정도八正道다. 사정邪正이 비록 다르지만 마음의 나타나는 바는 동일한 고로 사邪를 떠나고 달리 정正의 자체가 없음이다.

10 만법萬法이 평등하여 일다一多가 무애無碍한즉 한 알(粒)의 밥으로 가히 무량제불을 공양할 것이다.

11 이와 같이 넓은 평등심으로 걸식하는 자는 일체의 상에 집착치 아니하거늘 어찌 번뇌보리煩惱菩提와 입세 출세의 차별이 있으리오.

12 시자施者도 마땅히 이와 같은 평등심으로 보시할 것이다. 그리하면 시자에도 복의 크고 작음과 손익의 상相을 떠날지니 이것이 곧 무상無上의 대복이다. 가히 대승불도大乘佛道에 들어가 청정법해淸靜法海에 노닐 것이

니 어찌 성문이승聲聞二乘의 차별상에 비교하겠는가.

13 가명家名은 재가명사在家名士의 뜻이다.

14 벽지불辟支佛(pratyeka-buddha)은 한역漢譯으로 연각緣覺 혹은 독각불獨覺佛이라고도 하는데 자리自利만 얻고 타리他利를 행하지 못함이다.

4.

부처님이 수보리[1]에게 고하시되, 네가 유마힐에게 나아가 문병을 하라.

수보리가 부처님께 아뢰어 말씀하기를 세존이시여, 저는 거기에 가서 문병함을 감당하지 못하겠습니다. 무슨 까닭이겠습니까. 생각하니, 제가 옛적에 그 집에 들어가서 밥을 빌 때에 유마힐이 제 발우를 가져다가 밥을 가득히 담고 저에게 일러 말씀하되, 수보리야, 만일 능히 음식에 평등한 자는 모든 법에도 평등하고, 모든 법에 평등한 자는 음식에도 평등하니, 이같이 행걸行乞하여서 이에 가히 밥을 얻을지라.[2] 수보리야, 음노치婬怒癡[3]을 끊지 아니하고 또한 더불어 함께하지도 아니하며, 몸을 망가뜨리지 아니하면서도 한 모습을 따르며,[4] 치애癡愛[5]을 없애지 아니하고서 해탈을 일으키며, 오역상五逆相[6]으로써 해탈을 얻되 또한 풀지도 아니하고 묶지도 아니하며, 사제四諦[7]를 보는 것도 아니고 제를 보지 않는 것도 아니며, 도과道果를 얻음도 아니고 과果를 얻지 못함도 아니며, 범부凡夫도 아니고 범부가 아님도 아니며 성인도 아니고 성인이 아님도 아니고, 비록 일체법을 성취하나 모든 법상法相을 여의면 이에 가히 밥을 얻으리라.

만약 수보리야, 부처님을 보지 못하고 법을 듣지도 못하였으면 저 외도外道의 육사六師인 부란나가섭富蘭那迦葉·말가리구사리자末伽梨拘賖梨子·산사야비라지자刪闍夜毘羅胝子·아기다시사흠바라阿耆多翅舍欽婆羅·가라구타가전연迦羅鳩馱迦旃延·이건타야리자尼犍陁若提子 등[8]이 너의 스승이거든 그들에 의해 출가하였으니 그들이 떨어지는 곳에 너도 또한 떨어져야만 이에 가히 밥을 얻을지니라.

만약 수보리야, 모든 사견邪見에 들어 피안에 이르지 아니하며,[9] 팔난八難에 머물되 어려움을 없애지 아니하며, 번뇌를 같이하면서 청정법淸淨法을 여의며, 네가 무쟁삼매無諍三昧를 얻거든 일체중생도 또한 이 정을 얻으니 너에게 보시하는 자는 복밭福田이라 이름하지 못할 것이요, 너를 공양하는 자가 삼악도三惡道에 떨어짐은 뭇 마귀와 더불어 손을 잡아 모든 수고로움의 짝이 되며, 네가 뭇 마귀와 모든 진로塵勞로 더불어 똑같아서 다름이 없음이며, 일체 중생에게 원심怨心을 두며, 모든 부처님을 비방하고 법을 헐고 대중의 무리에 들지 아니하여 마침내 멸도滅度를 얻지 못함이니, 네가 만약 이 같으면 가히 밥을 얻을 수 있으리라 하였습니다.

이때에 세존이시여, 이 말을 듣고 망연히 무슨 말인지 알지 못하고 어떻게 대답해야 할지 알지 못하여 발우를 내버려 두고 그 집을 나오고자 하였더니, 유마힐이 말하되, 수보리야, 발우를 가져가되 두려워하지 말지라. 어떻게 생각하느냐. 여래께서 만든 화인化人이 만약 이렇게 힐난한다면 그래도 두려움이[10] 있겠느냐 없겠느냐. 제가 말하되, 없겠습니다. 유마힐이 말씀하되, 일체의 모든 법이 환화상幻化相과 같으니 너는 지금 두려워하지 말지니라. 그 까닭은 일체 언설은 이 상相을 여의지 못하느니, 지혜 있는 사람에 이르러서는 문자에 집착執着하지 아니하는 고로 두려워하는 바가 없느니라. 무슨 까닭인가. 문자의 성품을 여의어서 문자가 없는 것이 곧 해탈이며, 해탈상解脫相은 곧 모든 법이니라.

유마힐이 이 법을 설할 때에 이백 천자天子가 법안정法眼淨을 얻은지라, 저는 이런 까닭으로 거기에 가서 문병함을 감당치 못하겠습니다.

佛告須菩提 汝行詣維摩詰問疾 須菩提白佛言 世尊 我不堪任詣彼問疾 所以者何 憶念我昔入其舍 從乞食 時維摩詰取我鉢 盛滿飯 謂我言 唯須菩提 若能於食等者 諸法亦

等 諸法等者 於食亦等 如是行乞 乃可取食 若須菩提不斷

婬怒癡 亦不與俱 不壞於身 而隨一相 不滅癡愛 起於明

脫 以五逆相而得解脫 亦不解不縛 不見四諦 非不見諦 非

得果 非不得果 非凡夫 非離凡夫 非聖人 非不聖人 雖成

就一切法 而離諸法相 乃可取食 若須菩提不見佛 不聞法

彼外道六師 富蘭那迦葉 末伽梨拘賒梨子 刪闍夜毘羅胝

子 阿耆多翅舍欽婆羅 迦羅鳩馱迦旃延 尼犍陀若提子等

是汝之師 因其出家 彼師所墮 汝亦隨墮 乃可取食 若須菩

提入諸邪見 不到彼岸 住於八難 不得無難 同於煩惱 離清

淨法 汝得無諍三昧 一切衆生亦得是定 其施汝者 不名福

田 供養汝者 墮三惡道 爲與衆魔共一手作諸勞侶 汝與衆

魔 及諸塵勞 等無有異 於一切衆生而有怨心 謗諸佛 毀於

法 不入衆數 終不得滅度 汝若如是 乃可取食 時我世尊 聞

此茫然 不識是何言 不知以何答 便置鉢欲出其舍 維摩詰

言 唯須菩提 取鉢勿懼 於意云何 如來所作化人 若以是事

詰 寧有懼不 我言不也 維摩詰言 一切諸法 如幻化相 汝今

不應有所懼也 所以者何 一切言說不離是相 至於智者 不

著文字 故無所懼 何以故 文字性離 無有文字 是則解脫 解

脫相者 則諸法也 維摩詰說是法時 二百天子得法眼淨 故

我不任詣彼問疾

1 수보리須菩提(Subhūti)는 의역하면 공생空生이니 부처님의 십대제자 중의 한 사람. 해공解空 제일이라 하며, 선현善現·선길善吉·선업善業이라고도 함.

2 수보리는 생각하되 빈자는 빈고貧苦를 싫어하여 복인福因을 만들 것이나, 부자는 안일을 탐하여 복인을 만들기 좋아하지 않는다 하여 빈자를 버리고 부가富家에 걸식하는 까닭에 유마힐이 이를 책함이다.

3 음노치婬怒癡를 끊는 자는 이승二乘이요, 음노치와 함께 하는 자는 범부凡夫다. 끊고 끊지 못함을 초월하고 일체를 해탈하여 한 점의 진루塵累도 없어야 출세의 장부다. 이하의 의義도 이에 따를 것이다.

4 몸은 오음신五陰身이요, 일상一相은 화합상和合相이니 이승二乘은 오음을 일상으로 간주하고, 범부凡夫는 오음에 집착하느니 오음과 일상에 집착하지 않고 떠나지도 않음(不即不離)이 대사大士인 것이다.

5 치痴는 우치愚痴요, 애愛는 애착이며, 명明은 삼명三明이요, 탈은 해탈이니, 치痴·명明이 상대하고 애愛·탈脫이 상반이다.

6 오역五逆은 살부殺父·살모殺母·살나한殺羅漢·출불신혈
   出佛身血·파화합승破和合僧이다. 오역은 더할 수 없이 큰
   죄거늘 오역으로 해탈을 얻는다는 함은 무엇인가 하면
   죄성罪性이 본래 없고 만법萬法이 환幻과 같아 연蓮이
   물에 있되 물에 염착染着치 아니하는 것이다.

7 사제四諦는 고苦(苦痛)·집集(煩惱)·멸滅(涅槃)·도道(聖道)니
   고와 집을 떠나고 멸도를 얻음이다.

8 부란나가섭富蘭那迦葉(Pūrana kāśyapa)은 단견외도斷見外道
   니 일체 법法이 없다고 하는 자요, 말가리구사리자末迦
   梨瞿舍利子(Maskarin Gośālīputra)는 자연외도自然外道니 일
   체법이 자연히 생긴다고 하는 자요, 산자야비라지자刪
   闍夜毘羅胝子(Saṇjayi Vairatiputra)는 자연외도니 도를 자연
   히 얻는다고 하는 자요, 아기다시사흠바라阿耆多翅舍欽
   婆羅(Ajita Keakambala)는 고행외도苦行外道니 고행으로 종
   宗을 삼는 자요, 가라구타가전연迦羅鳩馱迦旃延(Krakuda
   kātyāyana)은 교란외도矯亂外道니 일정한 종지宗旨가 없는
   자요, 이건타야리자尼健陀若提子(Nirgraṇāha jñātiputra)는 상
   견외도常見外道니 죄복罪福이 전업前業을 따르므로 비록
   도道를 행하나 변역變易치 못한다 하는 자니 이들이 외
   도外道 육사六師다. 만약 수보리가 출가하여 부처님을

보고 법을 듣지 못하였으면, 이들 외도 육사를 섬겼을 것이나 다행히 출가하여 불법을 배울지라도 저 육사의 타락한 가家에 따라서 타락할지니라. 왜냐하면 법의 체성體性으로 보면 불법과 외도법이 이치二致가 없으니 이에 차별을 두지 아니하고 평등히 해탈함이기 때문이다.

9 이 이하는 백천간두에 다시 한 걸음 나아감이라. 이 이상엔 번뇌를 떠나지 아니하고 보리를 얻으며, 범부 가운데서 성인을 만드는 많은(非一非二) 법을 설하였으니, 이도 심묘深妙하지 아니함은 아니나, 이는 오히려 상대법을 세우고 그 중에서 불이법不二法을 현출함이나 이 이하는 상대를 초월하여 불이不二의 진제眞諦를 도파道破함이다. 번뇌 자체가 곧 보리니 번뇌를 떠나지 아니하고 보리를 얻는다 함은 얼마나 한만汗漫한 설법이며, 계박繫縛 그것이 곧 해탈이거늘 계박의 가운데서 해탈을 얻는다 하면 실로 등한한 법문法門이다. 아, 지옥에서 극락을 장엄莊嚴하고, 악도 중에서 열반을 얻음도 쾌사며, 묘법이니라. 그러나 지옥은 지옥뿐이요, 악도惡道는 악도뿐이라, 지옥에서 극락을 장엄할 것이 없고, 악도에서 열반을 얻을 것이 없어서 도홍이백桃紅李白[61]과 연비어약鳶飛魚躍[62]이 각각 그 취의趣意를 다하면

묘법 중의 묘법이다. 공空을 해탈하고 유有를 해탈치 못하는 수보리가 망연茫然히 알지 못함이 또한 당연하지 않은가.

10 만법이 환幻과 같으면 유마힐도 환과 같은 것이요, 일체 언설言說이 무성無性이면 유마힐의 설법도 무성이라. 이를 두려워하여 당하지 못함은 얼마나한 졸렬拙劣이냐?

---

61 복숭아 꽃은 붉고 오얏 꽃은 흼. 곧 만물의 자연스러움을 말함
62 솔개가 하늘을 날고 물고기가 뛰어놂. 곧 만물이 저마다 법칙에 따라 조화를 이루어 살아감

5.

부처님이 부루나미다라니자富樓那彌多羅尼子[1]에게 말씀하
시되, 네가 유마힐에게 가서 문병을 하라. 부루나가 부처
님께 아뢰어 말씀드리기를, 세존이시여, 저는 거기에 가서
문병함을 감당치 못하겠습니다. 무슨 까닭이겠습니까. 생
각해 보니, 제가 옛적에 큰 숲속의 한 나무 밑에서 모든
새로 배우는 비구를 위하여 법을 설했더니, 그때에 유마
힐이 와서 저에게 일러 말씀하시되, 부루나여, 먼저 마땅
히 정定에 들어 이 사람의 마음을 보고 난 뒤에 법을 설
할지니 더러운 음식을 보배 그릇에 담지 말 것이며, 마땅
히 이 비구들의 마음에 생각하는 바를 알아서 유리를 수
정水精과 같다고 하지 말지니라. 네가 능히 중생의 근원을
알지 못할진대 소승법小乘法으로써 발기發起하지 말지니
라. 그들은 스스로 부스럼이 없으니 상처내지 말지니라.
큰 도를 행하고자 하느니 작은 길을 보이지 말며, 대해大
海를 소 발자국에 담으려 하지 말며, 햇빛을 반딧불과 같
다고 하지 말지니라.
부루나여, 이 비구는 오래 대승심大乘心을 발했으나 중간
에 이 뜻을 잊었거늘 어찌 소승법으로써 가르치려는가.

내가 소승을 보고 지혜가 적고 얕기가 장님과 같아서 능히 일체 중생의 근기가 날카롭고 둔함을 분별하지 못한다[2] 하고, 그때 유마힐이 곧 삼매三昧에 들어 이들 비구로 하여금 스스로 숙명을 알게 하니, 이 일찍이 오백 부처님 처소에 여러 덕본德本을 심고 아뇩다라삼먁삼보리에로 회향迴向하였으므로 즉시에 활연豁然하여 도리어 본심을 얻었습니다. 이에 모든 비구가 머리를 조아려 유마힐의 발에 예하거늘 그때 유마힐이 법을 설함으로써 아뇩다라삼먁삼보리에서 다시 물러나지 않게 하였으니 제가 생각건대 성문聲聞은 사람의 근기를 보지 못하는 고로 마땅히 법을 설하지 말아야 할 줄로 알았으므로 거기에 가서 문병함을 감당치 못하겠습니다.

佛告富樓那彌多羅尼子 汝行詣維摩詰問疾 富樓那白佛言 世尊 我不堪任詣彼問疾 所以者何 憶念我昔於大林中 在一樹下爲諸新學比丘說法 時維摩詰來謂我言 唯 富樓那 先當入定 觀此人心 然後說法 無以穢食置於寶器 當知是比丘心之所念 無以瑠璃同彼水精 汝不能知衆生根源 無得發起以小乘法 彼自無瘡 勿傷之也 欲行大道 莫示小徑 無以大海 內於牛跡 無以日光 等彼螢火 富樓那 此比丘久發

大乘心 中忘此意 如何以小乘法而教導之 我觀小乘智慧
微淺 猶如盲人 不能分別一切衆生根之利鈍 時維摩詰即
入三昧 令此比丘自識宿命 曾於五百佛所 植衆德本 迴向
阿耨多羅三藐三菩提 卽時豁然 還得本心 於是諸比丘 稽
首禮維摩詰足 時維摩詰因爲說法 令阿耨多羅三藐三菩提
不復退轉 我念聲聞不觀人根 不應說法 是故不任詣彼問
疾

1 부루나미다라니자富樓那彌多羅尼子(Pūrṇa-Maitrāyaṇīputra)
는 의역義譯 만자자滿慈子 혹은 만원자滿願子·만축자滿
祝子라 하니 부처님의 십대제자 중의 한 사람. 설법 제
일이라 이른다.

2 부루나가 대승법을 공부하는 비구들에게 소승법을 설
하는 고로 유마힐이 이를 꾸짖은 것이니 타인의 마음
을 알지 못하고 대승을 향하여 소승법을 설함은 보기
寶器에 더러운 음식을 담고 유리를 수정水精으로 간주
함과 같다.

6.

부처님이 마하가전연摩訶迦旃延[1]에게 이르시되, 네가 유마
힐에게 가서 문병하라. 가전연이 부처님에게 아뢰어 말씀
하기를, 세존이시여, 저는 거기에 가서 문병함을 감당치
못하겠습니다. 무슨 까닭이겠습니까. 생각해 보니, 옛적
에 부처님이 모든 비구를 위하여 간략히 법요法要를 설하
시매 제가 곧 그 뒤에 그 뜻을 부연敷演하여 이르되, 이것
은 무상이란 뜻이며, 고통이란 뜻이며, 비었다는 뜻이며,
무아라는 뜻이며, 적멸이라는 뜻이라 하였더니, 그때 유
마힐이 와서 나에게 일러 말씀하되, 가전연아, 생멸의 심
행心行으로써 실상법實相法을 설하지 말지라.[2] 가전연아,
모든 법이 필경 나지도 아니하고 멸하지도 아니함이 무상
의 뜻이요,[3] 오수음五受陰[4]이 통달하여 비어서 일어나는
바가 없음이 고苦의 뜻이요, 모든 법이 필경 있는 바가 없
음이 공空의 뜻이요,[5] 나와 나 없음이 둘 아님이 무아의
뜻이요,[6] 법은 본래 그렇지 아니하거늘 이제 곧 멸함이 없
음이 적멸의 뜻이라[7] 하니 이 법을 설할 때 저 모든 비구
가 마음의 해탈을 얻은지라. 이런 까닭으로 저는 거기에
가서 문병함을 감당치 못하겠습니다.

佛告摩訶迦旃延 汝行詣維摩詰問疾 迦旃延白佛言 世尊
我不堪任詣彼問疾 所以者何 憶念昔者 佛爲諸比丘略說
法要 我卽於後 敷演其義 謂無常義 苦義 空義 無我義 寂
滅義 時維摩詰來謂我言 唯 迦旃延 無以生滅心行 說實相
法 迦旃延 諸法畢竟不生不滅 是無常義 五受陰洞達 空無
所起 是苦義 諸法究竟無所有 是空義 於我無我而不二 是
無我義 法本不然 今則無滅 是寂滅義 說是法時 彼諸比丘
心得解脫 故我不任詣彼問疾

—

1 마하가전연摩訶迦旃延(Mahakatyana)은 의역義譯 문식文飾이니 불공不空이라고도 함. 부처님의 십대제자 중의 한 사람. 논의論議 제일이라 이름.

2 부처님의 설법은 병에 따라 약을 쓰는 것이라 착상着相이 없거늘 가전연迦旃延은 착상으로 법을 부연하는 고로 꾸짖은 것이다.

3 생멸법生滅法만 무상이 아니라 나지도 않고 멸하지도 않는 구경법究竟法도 또한 무상이니, 왜냐하면 생멸법과 불생멸법은 그 본원이 같은 까닭이다.

4 오수음五受陰은 오음五陰이니 오음에 집착하는 것만 고통이 아니라, 오음을 버리고 공적空寂에 집착함도 고통이다.

5 색상色相의 변함없음만이 보배가 아니라 법성法性의 무체無體가 진보眞寶이다.

6 유아有我를 아我라고 하고 무아無我를 무아라 할 뿐이면 아와 무아의 두 상二相이 분립할 것이니 어찌 무아라 하겠는가. 아가 곧 무아요, 무아가 곧 아다. 아와 무아의 두 상이 없어야 사뭇 참 무아인 것이다.

7 생멸生滅의 법을 단진斷盡함만 적멸寂滅이 아니라 제법

諸法 자체가 본래부터 불생불멸함이 적멸이다.

7.

부처님께서 아나율阿那律[1]에게 이르시기를, 네가 유마힐에
게 가서 문병하라. 아나율이 부처님께 아뢰어 말씀드리기
를, 세존이시여, 저는 거기에 가서 문병함을 감당치 못하
겠습니다. 무슨 까닭이겠습니까. 생각해 보니, 제가 옛적
에 한 곳에서 경행經行[2]하고 있노라니 이때에 범왕梵王이
있었는데 이름이 엄정嚴淨이며, 만법萬法으로 더불어 함께
정광명淨光明을 놓고 저의 처소에 이르러 머리를 조아리며
예를 하고, 저에게 물어 말하되, 얼마만 한 것이 아나율
의 천안天眼으로 보는 바입니까.

제가 곧 답하여 말하되, 인자여, 나는 석가모니불토 삼천
대천세계를 보는 것이 손바닥 가운데의 암마륵과菴摩勒果
를 보듯 합니다 하였더니, 그때 유마힐이 와서 저에게 일
러 말하되, 아나율이여, 천안의 소견으로 모습을 짓느냐,
모습을 짓지 않느냐. 가령 모습을 지을진대 외도의 오통
五通으로 더불어 같고, 만약 모습을 지음이 없으면 이것
은 곧 하염없음이니 마땅히 보지 못할지니라[3] 하거늘, 세
존이시여, 저는 그때 묵연黙然하였더니, 모든 범梵이 그 말
을 듣고 미증유의 일이라 하여 곧 예를 하고 물어 가로

되, 세상에 누가 참으로 천안을 가진 자입니까.

유마힐이 말씀하되, 불세존이 참 천안[4]을 얻으신지라, 늘 삼매에 계시어 모든 국토를 보시되 두 가지 모습으로 쓰지 아니하시니라. 이에 엄정 범왕嚴淨梵王과 그 권속 오백 범천이 다 아뇩다라삼먁삼보리심을 발하여 유마힐의 발에 예하고 홀연히 보이지 아니한지라. 이런 까닭으로 거기에 가서 문병함을 맡지 못하겠습니다.

佛告阿那律 汝行詣維摩詰問疾 阿那律白佛言 世尊 我不堪任詣彼問疾 所以者何 憶念我昔於一處經行 時有梵王 名曰嚴淨 與萬梵俱 放淨光明 來詣我所 稽首作禮問我言 幾何阿那律天眼所見 我卽答言 仁者 吾見此釋迦牟尼佛土 三千大千世界 如觀掌中菴摩勒果 時維摩詰來謂我言 唯阿那律 天眼所見 爲作相耶 無作相耶 假使作相 則與外道五通等 若無作相 卽是無爲 不應有見 世尊 我時默然 彼諸梵聞其言 得未曾有 卽爲作禮而問曰 世孰有眞天眼者 維摩詰言 有佛 世尊 得眞天眼 常在三昧 悉見諸佛國 不以二相 於是嚴淨梵王及其眷屬五百梵天 皆發阿耨多羅三藐三菩提心 禮維摩詰足已 忽然不現 故我不任詣彼問疾

1 아나율阿那律(Aniruddha)은 의역 여의如意로 선의善意·무
   탐無貪·무멸無滅이라고도 함. 부처님의 십대제자 중 한
   사람. 천안天眼 제일이라 이른다.

2 경행經行은 위의威儀를 갖추고 경을 외며 돌아다니는
   것이다.

3 진천안眞天眼은 모습을 보되 모습을 여의느니 만약 모
   습을 만들면 이는 외도의 오통五通 중 천안통天眼通으
   로 차이가 없고, 단지 모습을 떠나면 이는 무위無爲니
   소견이 없을 것이다.

4 부처님의 천안은 무량불토無量佛土를 보되 상과 무상을
   떠나서 유무의 차별이 없는 것이다.

8.

부처님께서 우바리優波離[1]에게 이르시되, 네가 유마힐에게
가서 문병을 하라.

우바리가 부처님께 아뢰어 말씀하기를, 세존이시여, 저는
거기에 가서 문병함을 감당치 못하겠습니다. 무슨 까닭
이겠습니까. 생각해 보니, 옛적에 두 비구가 있어 율행律行
을 범하고서 부끄러워하여 감히 부처님께 여쭙지 못하고
나에게 와서 물어 말하되, 우바리여, 우리가 율행을 범한
지라 진실로 부끄러워 감히 부처님께 묻지 못하노니, 원컨
대 의심과 뉘우침을 풀어 이 허물을 면하게 하소서 하거
늘, 제가 곧 그를 위하여 법과 같이 해설하였더니, 그때에
유마힐이 와서 나에게 일러 말하되, 우바리優婆離여, 이
두 비구의 죄를 거듭 더하지 말고 마땅히 곧 제멸除滅하
여 그 마음을 시끄럽게 하지 말지라. 무슨 까닭이냐.[2] 저
죄의 성품[3]은 안에도 있지 아니하고, 밖에도 있지 아니하
고, 중간에도 있지 아니하니, 부처님의 말씀한 바와 같아
서 마음에 때가 낀 까닭으로 중생이 때가 끼고, 마음이
깨끗한 까닭으로 중생이 깨끗함이라.

마음이 또한 안에도 있지 아니하고, 밖에도 있지 아니하

고, 중간에도 있지 아니하니, 그 마음과 같아서 죄의 때도 또한 그러하고, 모든 법도 또한 그러하여 여여如如[4]에 나지 아니하는지라.

우바리여, 심상心相으로 해탈을 얻을 때에 어찌 때가 있으랴. 제가 말하되, 왜 없습니까. 유마힐이 말하되, 일체 중생의 심상도 때가 없음으로써 또한 다시 이 같으니라.

우바리여, 망상이 이 때요, 망상 없음이 이 조촐함(淨)이며, 전도顚倒가 이 때요, 전도를 여읨이 이 조촐함이며, 나를 취함이 이 때요, 나를 취하지 아니함이 이 조촐함이라.[5] 우바리여, 일체법이 나고 멸하여 머무르지 아니함이 환幻과 같고 번개와 같아서 모든 법이 서로 기다리지 아니하며, 내지乃至 한 생각이라도 머무르지 아니하느니, 모든 법은 다 망령되이 보되 꿈과 같고, 불꽃과 같고, 물 가운데 달과 같고, 거울 가운데 모양과 같아서 망상으로써 생김이니 그 일을 아는 자는 그 이름이 계율을 받듦이요, 그 일을 아는 자는 그 이름이 잘 깨달음이다.

이에 두 비구가 말하되, 으뜸되는 지혜인지라 이는 우바리가 능히 미치지 못할 바이라. 율행을 가지는 위로 능히 설하지 못하는 바로다. 제가 대답하되, 스스로 여래를 버리고는 성문聲聞과 보살이 능히 그 요설樂說의 변辯을 제어하지 못할지니, 그 지혜의 밝음이 이 같도다. 이때에 두 비구는 의심과 뉘우침이 곧 없어지고 아뇩다라삼먁삼보리심을 발하여 이 소원을 세워서 말하되, 일체 중생으로 하여금 다 이러한 변재辯才를 얻게 한다 하였으니, 이런 까닭으로 저는 거기에 가서 문병함을 맡지 못하겠습니다.

佛告優波離 汝行詣維摩詰問疾 優波離白佛言 世尊 我不堪任詣彼問疾 所以者何 憶念昔者 有二比丘犯律行 以爲恥 不敢問佛 來問我言 唯優波離 我等犯律 誠以爲恥 不敢問佛 願解疑悔 得免斯咎 我卽爲其如法解說 時維摩詰來謂我言 唯優波離 無重增此二比丘罪 當直除滅 勿擾其心 所以者何 彼罪性不在內 不在外 不在中間 如佛所說 心垢故衆生垢 心淨故衆生淨 心亦不在內 不在外 不在中間 如其心然 罪垢亦然 諸法亦然 不出於如如 優波離 以心相得解脫時 寧有垢不 我言 不也 維摩詰言 一切衆生心相無垢 亦復如是 唯優波離 妄想是垢 無妄想是淨 顚倒是垢 無顚倒是淨 取我是垢 不取我是淨 優波離 一切法生滅不住 如幻如電 諸法不相待 乃至一念不住 諸法皆妄見 如夢如燄 如水中月 如鏡中像 以妄想生 其知此者 是名奉律 其知此者 是名善解 於是二比丘言 上智哉 是優波離所不能及

持律之上而不能說 我卽答言 自捨如來 未有聲聞及菩薩

能制其樂說之辯 其智慧明達 爲若此也 時二比丘疑悔卽除

發阿耨多羅三藐三菩提心 作是願言 令一切衆生 皆得是

辯 故我不任詣彼問疾

1 우바리優婆離(Upāli)는 의역 근취近取니, 근집近執이라고
  도 함. 부처님의 십대제자 중의 한 사람으로 지계持戒
  제일이라 칭한다.

2 우바리가 두 비구의 전죄前罪를 통론하여 두 비구에게
  오뇌와 번민이 생기게 한 고로 이를 말함이다.

3 죄성罪性은 본래 비어 있어 내內·외外·중간을 떠난 것
  이라 마음에 때가 있으면 죄가 생기고, 마음이 맑으면
  죄가 없어지느니 이를 알면 만겁萬劫의 죄를 일념에 단
  박 없앨 수 있을 것이다.

4 여여如如는 즉 진여眞如니 진실眞實 여상如常하여 불생
  불멸하는 진제眞諦를 이름이다.

5 이 이하는 죄구罪垢가 망상 전도顚倒로부터 생기고 정
  계淨戒가 청정심淸淨心으로부터 남을 언명言明하는 것이
  다. 일체의 생멸법은 여환여몽如幻如夢하여 실재實在가
  아니니 더럽고 깨끗함(垢淨)의 만법이 어찌 유심의 나
  타남이 아니리오.

9.

부처님이 나후라羅睺羅[1]에게 이르시되, 네가 유마힐에게 가서 문병을 하라.

나후라가 부처님께 아뢰어 말씀하되, 세존이시여, 저는 거기에 가서 문병함을 감당치 못하겠습니다.

무슨 까닭이겠습니까. 생각해 보니, 옛적에 비야리毘耶離의 모든 장자의 아들이 저의 처소에 와서 머리를 조아리며 예를 표하고 저에게 물어 말하되, 나후라여, 당신은 부처님의 아들이라 전륜왕轉輪王[2]의 자리를 버리고 출가하여 도를 닦으니 그 출가한 자는 어떤 이익이 있습니까.

제가 곧 법과 같이 출가공덕出家功德[3]의 이利를 말했더니 그때에 유마힐이 와서 나에게 일러 말하되, 오직 나후라여, 마땅히 출가공덕의 이익을 말하지 말지라.

왜냐하면 이익도 없고 공덕도 없는 것이 이 출가가 되느니, 행함이 있는 법法이란 것은 가히 이익도 있고 공덕도 있다고 말하려니와 대저 출가란 것은 행함이 없는 법이다.

행함이 없는 법 가운데는 이익도 없고 공덕도 없으니, 나후라여, 대저 출가란 것은 저것도 없고 이것도 없으며, 또한 중간도 없음이니라. 육십이견六十二見[4]을 여의고 열반에 처함이니 지혜 있는 자의 받을 바며 성인이 행할 곳이다. 많은 마귀를 항복받고, 오도[5]를 제도하고, 오안五眼을 조촐히 하며, 오력五力을 얻고, 오근五根을 세워서 남을 괴롭게 아니하고, 잡악雜惡을 여의며, 모든 외도를 꺾고 거짓 이름을 초월하며 진흙에서 뛰쳐나 얽매임이 없으며, 내것이 없으니 받는 바가 없으며, 요란함이 없어서 안으로는 기쁨을 품고 다른 이의 뜻을 두호하며, 선법禪法을 따라서 뭇 허물을 여읠지라. 만약 능히 이같이 하면 이것은 참으로 출가함이다.[6] 이에 유마힐이 모든 장자의 아들에게 말씀하되, 너희들이 정법正法 가운데 마땅히 출가할지니 무슨 까닭이냐. 부처님의 세상은 만나기 어려우니라.

모든 장자의 아들이 말씀하되, 거사여, 우리가 부처님 말씀을 듣사오니, 부모가 듣지 아니하면 출가함을 얻지 못한다 하십니다.

유마힐이 말씀하되, 그러하다. 너희들이 문득 아뇩다라삼먁삼보리심을 발하면 이것이 곧 출가[7]며, 이것이 곧 구족具足이니라. 그때에 삼십이장자三十二長者의 아들이 다 아뇩다라삼먁삼보리심을 발한지라. 이런 까닭으로 저는 거기에 가서 문병함을 맡지 못하겠습니다.

佛告羅睺羅 汝行詣維摩詰問疾 羅睺羅白佛言 世尊 我不堪任詣彼問疾 所以者何 憶念昔時 毘耶離諸長者子來詣我所 稽首作禮 問我言 唯羅睺羅 汝佛之子 捨轉輪王位 出家爲道 其出家者 有何等利 我卽如法爲說出家功德之利 時維摩詰來謂我言 唯羅睺羅 不應說出家功德之利 所以者何 無利無功德 是爲出家 有爲法者 可說有利有功德 夫出家者 爲無爲法 無爲法中 無利無功德 羅睺羅 夫出家者 無彼無此 亦無中閒 離六十二見 處於涅槃 智者所受 聖所行處 降伏衆魔 度五道 淨五眼 得五力 立五根 不惱於彼 離衆雜惡 摧諸外道 超越假名 出淤泥 無繫著 無我所 無所受 無擾亂 內懷喜 護彼意 隨禪定 離衆過 若能如是 是眞出家 於是維摩詰語 諸長者子 汝等於正法中 宜共出家 所以者何 佛世難値 諸長者子言 居士 我聞佛言 父母不聽 不得出家 維摩詰言 然汝等便發阿耨多羅三藐三菩提心 是卽出家 是卽具足 爾時三十二長者子 皆發阿耨多羅三藐三菩提心 故我不任 詣彼問疾

1 나후라羅睺羅(Rāhula)는 의역 장부障覆로 부장覆障이라고
  도 한다. 부처님의 적자嫡子로 또한 십대제자 중의 한
  사람이며 밀행密行 제일이라 칭한다.

2 전륜왕轉輪王은 사천하를 통치하는 대왕이고, 부처님
  은 정반왕淨飯王의 적자다. 그가 태어났을 때에 상자相
  者가 말하되, 집에 있으면 전륜왕이 되고 출가하면 부
  처를 이룬다 하였는데, 이에 부처님이 전륜왕의 자리
  를 버리고 출가했다. 나후라는 부처님의 적자라 집에
  있으면 반드시 왕위를 이을 것이었는데 이를 버리고 출
  가한 고로 출가한 이익을 물은 것이다.

3 출가는 곧 출세니 해탈을 의미함이다. 일체의 사물과
  정욕의 염착染着을 떠남을 말함이니 이것이 곧 무위법
  無爲法이다. 어찌 유위법有爲法의 이해 고락의 설설說設을 용
  납(容)하리오.

4 62견見은 외도의 62종種의 해탈이니 다음과 같다.

① 우주론 宇宙論	상주론常住論 :	4
	반상반무상론半常半無常論 :	4
	우주한량론宇宙限量論 :	4
	궤변론詭辯論 :	4
	무인론無因論 :	4

			형상(形狀:有色無色)에 관한 논 :	4
② 종국론 終局論	사후유상론死後有想論		한량(限量:有邊無邊)에 관한 논 :	4
			성질(性質:苦樂)에 관한 논 :	4
			분량(分量:多少)에 관한 논 :	4
	무상론無想論		형상론形狀論 :	4
			한량론限量論 :	4
	비상비비상론非想非非想論		형상론形狀論 :	4
			한량론限量論 :	4
	단멸론斷滅論			7
	현재득열반론現在得涅槃論			5

5 오도五道는 천天·인人·축생畜生·아귀餓鬼·지옥地獄의
오취五趣요, 오안五眼은 육안肉眼·천안天眼·혜안慧眼·법
안法眼·불안佛眼이요, 오력五力·오근五根은 앞에서 나온
것을 찾아보라.

6 타인을 번뇌케 하지 않고 중악衆惡을 떠나며 외도를 최
복摧伏하여 무실無實의 가명假名을 초월하며, 연꽃과 같
이 진흙에 처하되 진흙에 물들지(染着) 아니하여 외경
이 지난(經) 고로 아소我所가 없고 내심이 적정한 고로
받는 바(所受)가 없어 항상 환희를 회懷함이다.

7 출가의 진의는 가족을 떠나고 산중에 들어가는 형식
을 말함이 아니라 보리심을 발하여 염착染着을 떠남을
말함이다.

10.

부처님이 아난阿難[1]에게 이르시되, 네가 유마힐에게 가서
문병을 하라. 아난이 부처님께 아뢰어 말씀하되, 세존이
시여, 저는 거기에 가서 문병함을 감당치 못하겠습니다.
무슨 까닭이겠습니까. 생각해 보니, 옛적에 세존이 몸에
약간 병이 있어 마땅히 우유를 써야 할 때 내가 곧 발우
를 가지고 큰 바라문의 집에 가서 문앞에 섰더니 그때 유
마힐이 저에게 와서 일러 말씀하시되, 아난아, 어찌하여
아침에 발우를 가지고 여기 머무는가. 제가 말하기를, 거
사여, 세존께서 몸에 조금 병이 있어 마땅히 우유를 써야
할새 그런 까닭으로 여기에 왔습니다.

유마힐이 말씀하시되, 그만두어라 아난아, 그런 말을 하
지 말라. 여래의 몸은 금강金剛의 체로 모든 악한 것을 이
미 끊고 여러 가지 착함이 모였거늘 마땅히 무슨 병이 있
겠으며, 마땅히 무슨 고뇌가 있으리오. 아무 말도 말고
갈지니라.

아난아, 여래를 비방하지 말며, 다른 사람으로 하여금 이
더러운 말을 듣게 하지 말며, 큰 위덕威德의 모든 하늘과
다른 정토의 모든 보살로 하여금 이 말을 얻어 듣게 하지

마라. 아난아, 전륜성왕轉輪聖王의 적은 복으로도 오히려 무병함을 얻었거늘 어찌 하물며 여래의 한량없는 복회福會가 널리 승함에서랴.

갈지어다. 아난아, 우리 무리로 하여금 이 부끄러움을 받게 하지 말지니라. 외도범지外道梵志가 만약 이 말을 들으면 마땅히 이 생각을 짓되 어찌 스승이 된다고 하리오. 저의 병도 능히 구하지 못하거니 능히 모든 병을 구제하랴 하리니, 그대는 가만히 속히 가서 사람으로 하여금 듣게 하지 말지니라. 마땅히 알아라. 아난아, 모든 여래의 몸은 곧 법신法身이요, 사욕思欲의 몸이 아니다.

부처님은 세존이 되어 삼계三界에 뛰어났으며, 부처님은 생사에 빠짐이 없어 모든 번뇌가 이미 다하였으며, 부처님의 몸은 하는 것이 없는지라, 모든 수량에 떨어지지 아니하느니 이 같은 몸에 무슨 병이 있으리오. 세존이시여, 그때 저는 실로 부끄러움을 품어서 속으로 생각하기를 부처님을 가까이 모셨건만 잘못 듣지나 아니하였는가 하였더니 곧 공중에 소리가 있어서 들으니, 가로되, 아난아, 거사의 말과 같으나 다만 부처님이 오탁악세五濁惡世에 나서 이 법을 행함은 중생을 건지시는 터이니, 갈지어다. 아난아, 그것을 취하기를 부끄러워하지 말지니라 하시니라.[2]

세존이시여, 유마힐의 지혜와 변재가 이 같은지라 이런
까닭으로 제가 가서 문병함을 맡지 못하겠습니다.
이같이 오백 제자들이 각각 부처님을 향하여 그 본연本緣
을 말하며 유마힐의 말한 바를 여쭙고 거기에 나가서 문
병함을 맡지 못하겠다고 말하다.

佛告阿難 汝行詣維摩詰問疾 阿難白佛言 世尊 我不堪任
詣彼問疾 所以者何 憶念昔時 世尊身小有疾 當用牛乳 我
卽持鉢 詣大婆羅門家門下立 時維摩詰來謂我言 唯阿難
何爲晨朝 持鉢住此 我言 居士 世尊身小有疾 當用牛乳 故
來至此 維摩詰言 止止阿難 莫作是語 如來身者 金剛之體
諸惡已斷 衆善普會 當有何疾 當有何惱 黙往阿難 勿謗如
來 莫使異人 聞此麤言 無令大威德諸天 及他方淨土諸來
菩薩 得聞斯語 阿難 轉輪聖王 以少福故 尙得無病 豈況
如來無量福會普勝者哉 行矣阿難 勿使我等受斯恥也 外
道梵志 若聞此語 當作是念 何名爲師 自疾不能救 而能救
諸疾 仁可密速去 勿使人聞 當知 阿難 諸如來身 卽是法身
思欲身 佛爲世尊 過於三界 佛身無漏 諸漏已盡 佛身無爲
不墮諸數 如此之身 當有何疾 時我世尊 實懷慚愧 得無近
佛而謬聽耶 卽聞空中聲曰 阿難 如居士言 但爲佛出五濁

惡世 現行斯法 度脫衆生 行矣阿難 取乳勿慚 世尊 維摩
詰智慧辯才 爲若此也 是故不任詣彼問疾 如是五百大弟子
各各向佛說其本緣 稱述維摩詰所言 皆曰 不任詣彼問疾

1 아난阿難(Ananda)은 부처님의 십대제자 중의 한 사람.
   다문多聞 제일이라 칭함. 경희慶喜·무염無染·환희歡喜라
   고도 함.

2 아난이 유마힐의 말을 듣고 부끄러워 혼자 생각하되,
   부처님의 명령을 잘못 듣고 우유를 취하러 옴이 아닌
   가 하는 의문을 발하더니, 그때 부처님이 공중에 성언
   聲言하시되, 실로 유마힐의 말과 같아서 부처님의 몸은
   질병이 없으나 오탁五濁(劫濁·衆生濁, 煩惱濁, 見濁, 命濁) 악
   세惡世에 출현하여 중생을 제도하기 위하는 고로 질병
   을 나타내 보여 법을 설함이라 하시니, 아난이 이를 듣
   고 부처님의 뜻을 따른 것이다.

제4

보
살
품

1.

이때 부처님이 미륵보살彌勒菩薩[1]에 이르시되, 네가 유마힐에게 가서 문병하라. 미륵이 부처님께 아뢰어 말씀하되, 세존이시여, 저는 거기에 가서 문병함을 감당하지 못하겠습니다. 무슨 까닭이겠습니까. 생각해 보니, 제가 옛적에 도솔천왕兜率天王과 그 권속을 위하여 불퇴전지不退轉地의 행行을 설할새 그때에 유마힐이 와서 저에게 일러 말씀하되, 미륵이여 세존이 그대(仁者)에게 기기[2]를 주어 일 생[3]에 마땅히 아뇩다라삼먁삼보리를 얻으리라 하였으니, 어느 생生을 써서 수기受記를 얻으리오. 과거냐, 미래냐, 현재냐. 만약 과거생過去生이라 한다면 과거생은 이미 멸하고, 만약 미래생이라 한다면 미래생은 아직 이르지 않았고, 만약 현재생이라 한다면 현재생은 머무름이 없는지라. 부처님의 말씀하는 바와 같아서 비구야, 내가 이제 즉시에 또한 나고 또한 늙고 또한 멸하느니라.[4] 만약 무생無生으로써 수기를 얻는다 하면 무생은 곧 정위正位라. 정위 가운데에는 또한 수기도 없고 또한 아뇩다라삼먁삼보리를 얻음도 없느니 어찌 미륵이 생의 기기記를 받으리오.[5] 여如[6]의 낳음을 좇아 수기를 얻으랴.

만약 여如의 남(生)으로써 수기를 얻는다 하면 여는 남(生)이 없고, 만약 여의 멸함으로 인해 수기를 얻는다 하면 여는 멸함이 없느니 일체 중생이 다 여며, 일체 법이 또한 여며, 뭇 성현이 또한 여며, 미륵에 이르러도 또한 여니, 만약 미륵이 수기를 얻으면 일체 중생도 또한 수기를 얻을지니 이는 무슨 까닭입니까. 다만 여란 둘도 아니요, 다르지도 아니하느니라.

만약 미륵이 아뇩다라삼먁삼보리를 얻으면 일체 중생도 다 또한 얻을지니 이는 무슨 까닭입니까. 일체 중생이 곧 보리상菩提相이니라. 만약 미륵이 멸도減度를 얻으면 일체 중생도 또한 마땅히 멸도할지니 이는 무슨 까닭입니까.

모든 부처님은 일체 중생이 필경엔 적멸寂滅하는 것이 곧 열반상涅槃相이라 다시 멸함이 없음을 아는 것이니라. 이런 까닭으로 미륵아, 이 법으로써 모든 천자天子를 달래지 말지니 실로 아뇩다라삼먁삼보리심을 발하는 자도 없고, 또한 물러가는 자도 없느니라.[7] 미륵아, 마땅히 이 모든 천자로 하여금 보리를 분별하는 견見을 버리게 할지니 이는 무슨 까닭인가 하면, 보리[8]는 가히 몸으로써 얻지 못하며, 가히 마음으로써 얻지 못하느니라.

적멸이 곧 보리니 이는 모든 상相을 멸한 까닭이며, 보지 아니함이 곧 보리니 이는 모든 연緣을 끊은 까닭이며, 행치 아니함이 곧 보리니 이는 생각이 없는 까닭이며, 끊음이 곧 보리니 이는 모든 견見을 버리는 까닭이며, 여읨이 곧 보리니 이는 모든 망상을 떠난 까닭이며, 막음이 곧 보리니 이는 모든 원願을 막는 까닭이며, 불입不入이 곧 보리니 이는 탐착貪着이 없는 까닭이며, 순순順함이 곧 보리니 이는 여에 순순順하는 까닭이며, 머무름이 곧 보리니 이는 법성法性에 머무르는 까닭이며, 이르는 것이 곧 보리니 이는 실제에 이르는 까닭이며, 둘이 아님이 곧 보리니 이는 의법意法을 떠난 까닭이며, 같은 것이 곧 보리니 이는 허공과 같은 까닭이며, 행함 없음이 곧 보리니 이는 나고 머무르고 멸함이 없는 까닭이며, 아는 것이 곧 보리니 이는 중생의 마음과 행하는 것을 아는 까닭이며, 모으지 아니함이 곧 보리니 이는 모든 사람[9]이 모으지 아니하는 까닭이며, 합하지 아니함이 곧 보리니 이는 번뇌의 습習을 떠난 까닭이며, 처소가 없음이 곧 보리니 이는 형색形色이 없는 까닭이며, 거짓 이름이 곧 보리니 명자名字가 없는 까닭이며, 화化[10]와 같음이 곧 보리니 이는 취사取捨가 없는 까닭이며, 어지러움이 없음이 곧 보리니 이는 늘 스스로 고요한 까닭이며, 선적善寂이 곧 보리니 이는 성품이 청정한 까닭이며, 취할 것이 없음이 곧 보리니 반연攀緣을 떠난 까닭이며, 다른 것이 없음이 곧 보리니 이는 모든 법이 같은 까닭이며, 비比가 없음이 곧 보리니 이는 가히 비유할 것이 없는 까닭이며, 미묘한 것이 곧 보리니 이는 모든 법은 알기 어려운 까닭이니라.

세존이여, 유마힐이 이 법을 설하니 그때에 2백 천자天子가 무생법인無生法忍을 얻은지라. 그런 까닭을 저는 거기에 가서 문병함을 맡지 못하겠습니다.

於是佛告彌勒菩薩 汝行詣維摩詰問疾 彌勒白佛言 世尊
我不堪任詣彼問疾 所以者何 憶念我昔爲兜率 天王及其
眷屬 說不退轉地之行 時維摩詰來謂我言 彌勒 世尊授仁
者記 一生當得阿耨多羅三藐三菩提 爲用何生 得受記乎
過去耶 未來耶 現在耶 若過去生 過去生已滅 若未來生 未
來生未至 若現在生 現在生無住 如佛所說 比丘 汝今卽時
亦生亦老亦滅 若以無生得受記者 無生卽是正位 於正位中
亦無受記 亦無得阿耨多羅三藐三菩提 云何彌勒受一生記
乎 爲從如生得受記耶 爲從如滅得受記耶 若以如生得受
記者 如無有生 若以如滅得受記者 如無有滅 一切衆生皆
如也 一切法亦如也 衆聖賢亦如也 至於彌勒亦如也 若彌

勒得受記者 一切衆生亦應受記 所以者何 夫如者不二不異
若彌勒得阿耨多羅三藐三菩提者 一切衆生皆亦應得 所以
者何 一切衆生即菩提相 若彌勒得滅度者 一切衆生亦應
滅度 所以者何 諸佛知一切衆生畢竟寂滅 即涅槃相 不復
更滅 是故彌勒 無以此法誘諸天子 實無發阿耨多羅三藐
三菩提心者 亦無退者 彌勒 當令此諸天子 捨於分別菩提
之見 所以者何 菩提者不可以身得 不可以心得 寂滅是菩
提 滅諸相故 不觀是菩提 離諸緣故 不行是菩提 無憶念故
斷是菩提 捨諸見故 離是菩提 離諸妄想故 障是菩提 障諸
願故 不入是菩提 無貪著故 順是菩提 順於如故 住是菩提
住法性故 至是菩提 至實際故 不二是菩提 離意法故 等是
菩提 等虛空故 無爲是菩提 無生住滅故 知是菩提 了衆生
心行故 不會是菩提 諸入不會故 不合是菩提 離煩惱習故
無處是菩提 無形色故 假名是菩提 名字空故 如化是菩提
無取捨故 無亂是菩提 常自靜故 善寂是菩提 性清淨故 無
取是菩提 離攀緣故 無異是菩提 諸法等故 無比是菩提 無
可喻故 微妙是菩提 諸法難知故 世尊 維摩詰說是法 時
二百天子得無生法忍 故我不任詣彼問疾

―

1 미륵彌勒(maitreya)은 대승보살 또는 자씨慈氏라고도 함.

2 기記는 수기인데 수기授記 혹은 수기受記는 미래에 대한 예언의 인가認可를 이름이니 세존이 미륵에게 수기를 주시되, 일생에 마땅히 보리를 얻을 것이다(一生當得菩提)라 하신 고로 이런 질문이 있다.

3 일 생一生이라 함은 어떤 생을 지적함인가. 과거·현재· 미래의 삼세三世가 다 건립建立하지 못함이다.

4 인간의 육체와 생명은 염념각각念念刻刻이 신진대사하여 일각에도 무량의 생멸이 있는 것이다.

5 만약 일 생이라 함이 시간의 삼세三世에 속하지 아니하고 무생無生에 속한다 하면 무생은 곧 불생불멸의 정위正位라 이 중에 수기受記니 보리니 하는 분별을 세울 여지가 없을지니 과연 어떻게 함이 보리를 얻을 것이리오.

6 여如는 진여眞如니 진여는 생멸生滅도 없고 차별도 없는 것이다.

7 보리심의 체體는 사람이나 사물이 본래 스스로 구족具足하여 취할 것도 없고 버릴 것도 없는 것이다.

8 보리는 촉진觸塵이 아닌 고로 몸으로 얻지 못하고, 법
   진法塵이 아닌 고로 마음으로 얻지 못하는 것이다.

9 모든 사람(人)은 육근六根·육진六塵을 말함이다.

10 화化는 환화幻化를 말함이다.

2.

부처님이 광엄동자光嚴童子에게 이르시되, 네가 유마힐에게 가서 문병하라. 광엄이 부처님께 아뢰어 말씀하기를, 세존이시여, 제가 거기에 가서 문병함을 감당치 못하겠습니다. 무슨 까닭이겠습니까. 생각해 보니, 제가 옛적에 비야리대성毘耶離大城에서 나올 때 유마힐이 바야흐로 성에 들어가는지라, 제가 곧 예를 하고 물어 말하되, 거사여, 어디로부터 쫓아오느뇨. 나에게 답하여 말하되, 도량道場[1]으로 쫓아오노라.

제가 묻기를, 도량은 어느 것이뇨. 답하여 가로되,

곧은 마음이 도량이니 공空과 거짓이 없는 까닭이며,

행을 발함[2]이 도량이니 능히 일을 판단하는 까닭이며,

깊은 마음이 도량이니 공덕을 더하는 까닭이며,

보리심이 도량이니 그릇됨이 없는 까닭이며,

보시布施가 도량이니 갚음을 바라지 아니하는 까닭이며,

계戒[3]를 가짐이 도량이니 원구願具를 얻는 까닭이며,

욕辱[4]을 참음이 도량이니 모든 중생의 마음에 걸림이 없는 까닭이며,

정진精進이 도량이니 게으르지 아니한 까닭이며,

선정禪定[5]이 도량이니 마음이 곱고 부드러운 까닭이며,

지혜가 도량이니 모든 법을 나타내는 까닭이며,

사랑[6]이 도량이니 중생을 같이하는 까닭이며,

슬픔[7]이 도량이니 피고疲苦를 참는 까닭이며,

기쁨이 도량이니 법을 기뻐하는 까닭이며,

버리는 것이 도량이니 미워하고 사랑함이 끊어지는 까닭이며,

신통神通이 도량이니 육통六通을 성취하는 까닭이며,

해탈解脫[8]이 도량이니 능히 배사背捨하는 까닭이며,

방편이 도량이니 중생을 교화하는 까닭이며,

사섭四攝이 도량이니 중생들 섭攝하는 까닭이며,

많이 들음이 도량이니 들음과 같이 행하는 까닭이며,

마음을 복伏함[9]이 도량이니 바로 모든 법을 보는 까닭이며,

삼십칠품이 도량이니 무위법無爲法을 버리는 까닭이며,

사제四諦가 도량이니 세간을 속이지 아니하는 까닭이며,

연기緣起[10]가 도량이니 무명無明과 내지乃至 노사老死가 다함이 없는 까닭이며,[11]

모든 번뇌煩惱가 도량이니 실과 같음을 아는 까닭이며,

중생[12]이 도량이니 내가 없음을 아는 까닭이며,

일체법이 도량이니 모든 법의 공空함을 아는 까닭이며,

마魔를 항복받음이 도량이니 경동傾動하지 아니하는 까닭이며,

삼계三界[13]가 도량이니 나아갈 바가 없는 까닭이며,

사자후獅子吼가 도량이니 두려움이 없는 까닭이며,

역무외불공법力無畏不共法이 도량이니 모든 허물이 없는 까닭이며,

삼명三明이 도량이니 걸림이 없는 까닭이며,

한 생각으로 일체법을 아는 것이 도량이니 일체지一切智를 성취하는 까닭이다.

선남자善男子여, 보살[14]이 만약 모든 바라밀波羅蜜에 응하여 중생을 교화하면 모든 지음이 있는 바, 발(足)을 들고 발을 내림이 마땅히 다 도량으로 쫓아와서 불법에 머무름을 알지니라. 이 법을 설할 때에 오백 천인天人이 다 아뇩다라삼먁삼보리심을 발한지라, 이런 까닭으로 거기에 가서 문병함을 맡지 못하겠습니다.

佛告光嚴童子 汝行詣維摩詰問疾 光嚴白佛言 世尊 我不堪任詣彼問疾 所以者何 憶念我昔出毘耶離大城時 維摩詰方入城 我卽爲作禮而問言 居士從何所來 答我言 吾從道場來 我問 道場者何所是 答曰 直心是道場 無虛假故 發

行是道場 能辦事故 深心是道場 增益功德故 菩提心是道
場 無錯謬故 布施是道場 不望報故 持戒是道場 得願具故
忍辱是道場 於諸衆生心無礙故 精進是道場 不懈退故 禪
定是道場 心調柔故 智慧是道場 現見諸法故 慈是道場 等
衆生故 悲是道場 忍疲苦故 喜是道場 悅樂法故 捨是道場
憎愛斷故 神通是道場 成就六通故 解脫是道場 能背捨故
方便是道場 教化衆生故 四攝是道場 攝衆生故 多聞是道
場 如聞行故 伏心是道場 正觀諸法故 三十七品是道場 捨
有爲法故 四諦是道場 不誑世間故 緣起是道場 無明乃至
老死皆無盡故 諸煩惱是道場 知如實故 衆生是道場 知無
我故 一切法是道場 知諸法空故 降魔是道場 不傾動故 三
界是道場 無所趣故 獅子吼是道場 無所畏故 力無畏不共
法是道場 無諸過故 三明是道場 無餘碍故 一念知一切法
是道場 成就一切智故 如是善男子 菩薩若應諸波羅蜜教化
衆生 諸有所作 舉足下足 當知皆從道場來 住於佛法矣 說
是法時 五百天人皆發阿耨多羅三藐三菩提心 故我不任詣
彼問疾

1 도량道場은 도장道場이라고도 하며, 성도成道 혹은 수도
  의 장소를 말함이다.

2 직심直心에 따라 행동을 나타내면 능히 수도의 일을 변
  별辨別함이다.

3 계戒를 가지고 정행淨行을 행하면 소원을 이루는 까닭
  이다.

4 욕欲을 참은즉 일체 중생을 관용하여 심정의 애체碍滯
  가 없음이다.

5 선정禪定은 마음을 조화유순調和柔順하는 까닭이다.

6 자심慈心은 중생을 평등히 자애하는 까닭이다.

7 비심悲心은 중생의 고통을 구하기 위하여 자기의 괴로
  움을 인내하는 까닭이다.

8 해탈解脫은 일체 염착染着을 배사背捨하는 까닭이다.

9 자심慈心을 항복받는 자는 정욕에 얽매이지 아니하고
  제법諸法을 정관正觀하는 까닭이다.

10 인연으로 종기從起하는 일체 무명無明과 생로병사生老病
  死가 윤환무진하나 그 바탕은 진여체성眞如體性과 차이
  가 없는 고로 이는 도량이다.

¹¹ 번뇌의 성性이 곧 진여眞如의 실성實性임을 아는 까닭이다.

¹² 일체 중생이 본래부터 나의 자체가 없는 까닭이다.

¹³ 삼계三界를 떠나고 따로 마음의 나아갈 바가 없는 까닭이다.

¹⁴ 보살이 여러 가지 바라밀波羅蜜로 중생을 교화하매 거족하족擧足下足과 일체의 작위作爲가 도량이 될 것이다.

3.

부처님이 지세보살持世菩薩에게 이르시되, 네가 유마힐에
게 가서 문병하라. 지세持世가 부처님께 아뢰어 말씀하기
를, 세존이시여, 저는 거기에 가서 문병함을 감당치 못하
겠습니다. 무슨 까닭입니까. 생각하니 제가 옛적에 고요한
집에 있었더니 그때에 마魔 파순波旬[1]이 1만 2천의 천녀天
女를 좇으니 상狀이 제석帝釋과 같은지라. 고악현가鼓樂絃歌
로 와서 저의 처소에 나와 그 권속으로 더불어 저의 발에
머리를 조아리고 합장合掌하고 공경하여 한쪽에 선지라.
제 생각으로는 아마 제석帝釋이리라 하여 말하되, 잘 왔다.
교시가憍尸迦[2]여, 비록 복이 있으나 마땅히 스스로 방자히
하지 말고 마땅히 오욕五欲[3]의 무상함을 보아서 선본善本
을 구하여 몸과 목숨과 재물에 굳은 법을 닦을지니라.[4]
곧 나에게 말하되, 정사正士여, 이 1만 2천의 천녀를 받
아서 가히 소쇄掃灑에 갖출지어다. 제가 말하되, 교시가
여, 이 법 아닌 것으로써 우리 사문석자沙門釋子에게 요구
하지 말지라. 이것은 나에게 마땅한 바가 아니니라. 말하
는 바를 마치지 못하였는데, 그때 유마힐이 와서 저에게
일러 말씀하되, 제석帝釋이 아니라 이는 마魔가 와서 너의

굳은 마음을 어지럽힘이니라.[5] 곧 마에게 말하되, 이 모든
천녀의 무리를 가히 나에게 줄지라. 나 같으면 마땅히 받
으리라.[6] 마가 곧 놀라며 두려워하여 생각하기를 유마힐
이 장차 나를 괴롭게 하지 않을까 하여 모습을 숨기고자
하나 능히 숨지 못하고 그 신력神力을 다하되 또한 가지
못하더니 곧 공중의 소리를 들으니 가로되, 파순波旬아,
천녀를 드려야 가히 떠나갈 수가 있으리라. 마가 두려워
서 내어 주니 그때에 유마힐이 모든 천녀에게 말하되 마
가 너희들을 나에게 주었으니 이제 너희는 다 마땅히 아
뇩다라삼먁삼보리심을 발하라 하고 곧 응하는 바에 따
라 법을 설하여 도道의 뜻을 발하니 법의 즐거움이 있어
가히 스스로 즐기고 다시는 오욕락五欲樂을 즐기지 말지
니라.

천녀가 곧 묻기를, 무엇을 일러서 법의 즐거움이라 합니
까. 답하여 말하되, 늘 부처님을 믿음을 즐겨 하며, 법을
듣고자 함을 즐겨 하며, 무리를 공양하기를 즐겨 하며, 오
욕五欲을 버림을 즐겨 하며, 오음五陰[7]을 보기를 원적怨賊
과 같이 함을 즐겨 하며, 사대四大[8]를 독사와 같이 보기
를 즐겨 하며, 내입內入[9]을 공취空聚와 같이 보기를 즐겨
하며, 도의 뜻을 수호隨護하기를 즐겨 하며, 중생을 이익

케 함을 즐겨 하며, 스승을 경양敬養함을 즐겨 하며, 널리 보시 행하기를 즐겨 하며, 굳은 계戒를 가짐을 즐겨 하며, 욕辱을 참아 부드럽게 함을 즐겨 하며, 부지런히 선근善根 심기를 즐겨 하며, 선정禪定이 어지럽지 아니함을 즐겨 하며, 때를 여의고 지혜 밝힘을 즐겨 하며, 보리심을 넓히는 것을 즐겨 하며, 뭇 마魔를 항복 받음을 즐겨 하며, 모든 번뇌 끊기를 즐겨 하며, 불국토를 조촐히 함을 즐겨 하며, 상호相好로 성취함으로써 모든 공덕 닦기를 즐겨 하며, 도 량을 장엄하게 하기를 즐겨 하며, 깊은 법을 들어 두려워 하지 아니하며, 삼탈문三脫門[10]을 즐겨 하되 때 아님을 즐 겨 하지 아니하며, 같이 배우는 이에게 가까이함을 즐겨 하며, 같이 배우지 아니하는 가운데서라도 마음에 성내 고 걸림이 없음을 즐겨 하며, 악지식惡知識[11]을 장호將護함 을 즐겨 하며, 선지식善知識과 친하고 가까이함을 즐겨 하 며, 마음이 청정淸淨하고 기뻐함을 즐겨 하며, 한량없는 도품道品의 법 닦기를 즐겨 함이 곧 보살의 법락法樂이 되 느니라.

이에 파순이 모든 천녀에게 이르되, 내가 너희와 더불어 같이 천궁天宮에 돌아가고자 하노라. 모든 천녀가 말하 되, 우리들 무리를 이 거사에게 주었을 때 법의 즐거움이 있어서 우리 무리가 심히 즐거우니 다시는 오욕락五欲樂을 즐기지 아니하리라. 마가 말하되, 가히 이 천녀들을 놓아 주소서. 일체의 있는 바를 남에게 보시하는 자가 보살이 되느니라. 유마힐이 말씀하되, 나는 이미 놓았으니 네가 데려가서 일체 중생으로 하여금 법원法願의 구족具足을 얻게 하라. 이에 모든 천녀가 유마힐에게 묻되, 우리들 무리가 어떻게 마의 궁에 있으리까. 유마힐이 말씀하되, 모든 자매여, 법문法門이 있으니 이름이 다함이 없는 등燈이라 너희 무리가 마땅히 배울지라. 다함이 없는 등이란, 비유컨대 한 등이 백천 등을 태우므로 어두운 자 다 밝게 하되 밝음은 나중까지도 다하지 아니함과 같음이니, 모든 자매여, 대저 한 보살이 백천 중생을 개도開導하여 아뇩다라삼먁삼보리심을 발하게 하되, 그 도는 또한 멸하지 아니하고 법을 설한 바에 따라 스스로 일체의 착한 법을 더하느니 이 이름이 곧 다함이 없는 등燈이니라.

너희 무리가 비록 마궁魔宮에 머무르나[12] 이 다함이 없는 등으로써 수없는 천자와 천녀로 하여금 아뇩다라삼먁삼보리심을 발하게 하는 자라야 불은佛恩을 갚음이요, 또한 일체 중생을 크게 이익되게 함이니라. 그때에 천녀가 머리와 얼굴로 유마힐의 발에 예하고 마를 따라 궁에 돌아가서 홀연히 보이지 않았더이다. 세존이여, 유마힐이 이 같은 자재自在한 신력神力과 지혜와 변재辯才가 있으므로 저는 거기에 가서 문병함을 맡지 못하겠습니다.

佛告持世菩薩 汝行詣維摩詰問疾 持世白佛言 世尊 我不堪任詣彼問疾 所以者何 憶念我昔 住於靜室 時魔波旬 從萬二千天女 狀如帝釋 鼓樂絃歌 來詣我所 與其眷屬 稽首我足 合掌恭敬 於一面立 我意謂是帝釋 而語之言 善來憍尸迦 雖福應有 不當自恣 當觀五欲無常 以求善本 於身命財而修堅法 卽語我言 正士 受是萬二千天女 可備掃灑 我言 憍尸迦 無以此非法之物 要我沙門釋子 此非我宜 所言未訖 時維摩詰來謂我言 非帝釋也 是爲魔來 嬈固汝耳 卽語魔言 是諸女等 可以與我 如我應受 魔卽驚懼 念維摩詰 將無惱我 欲隱形去 而不能隱 盡其神力 亦不得去 卽聞空中聲曰 波旬 以女與之 乃可得去 魔以畏故 俛仰而與 爾時維摩詰 語諸女言 魔以汝等與我 今汝皆當發阿耨多羅三藐三菩提心 卽隨所應而爲說法 令發道意 復言 汝等已發道意 有法樂可以自娛 不應復樂五欲樂也 天女卽問 何謂法樂 答言 樂常信佛 樂欲聽法 樂供養衆 樂離五欲 樂觀五陰如怨賊 樂觀四大如毒蛇 樂觀內入如空聚 樂隨護道

意 樂饒益衆生 樂敬養師 樂廣行施 樂堅持戒 樂忍辱柔和 樂勤集善根 樂禪定不亂 樂離垢明慧 樂廣菩提心 樂降伏衆魔 樂斷諸煩惱 樂淨佛國土 樂成就相好故 修諸功德 樂莊嚴道場 樂聞深法不畏 樂三脫門 不樂非時 樂近同學 樂於非同學中 心無恚碍 樂將護惡知識 樂親近善知識 樂心喜清淨 樂修無量道品之法 是爲菩薩法樂 於是波旬告諸女言 我欲與汝俱還天宮 諸女言 以我等與此居士 有法樂 我等甚樂 不復樂五欲樂也 魔言 居士可捨此女 一切所有施於彼者 是爲菩薩 維摩詰言 我已捨矣 汝便將去 令一切衆生得法願具足 於是諸女問維摩詰 我等云何 止於魔宮 維摩詰言 諸姉 有法門名無盡燈 汝等當學 無盡燈者 譬如一燈 然百千燈 冥者皆明 明終不盡 如是諸姉 夫一菩薩開導百千衆生 令發阿耨多羅三藐三菩提心 於其道意亦不滅盡 隨所說法 而自增益一切善法 是名無盡燈也 汝等雖住魔宮 以是無盡燈 令無數天子天女 發阿耨多羅三藐三菩提心者 爲報佛恩 亦大饒益一切衆生 爾時天女頭面禮維摩詰足 隨魔還宮 忽然不現 世尊 維摩詰有如是自在神力 智慧辯才 故我不任詣彼問疾

1 파순波旬(pāpīyas)은 의역하면 살자殺者니, 악자惡者라고
   도 하는 마왕魔王의 이름이다.

2 교시가憍尸迦(Kauśika)는 제석帝釋의 별명이니 지세보살
   持世菩薩이 파순波旬을 제석으로 오인한 것이다.

3 오욕五欲은 재財·색色·식食·명예名譽·수면睡眠의 다섯
   가지 욕심이다.

4 유한有限의 신身·명命·재財를 버리고 무진無盡의 신·명·
   재를 얻음을 삼견법三堅法이라 한다.

5 견고한 정심定心을 요혹嬈惑한다 함이다.

6 지세持世는 다만 여색을 피하는 소계小戒만 알고 이를
   용수容受하여 교화함을 알지 못하니 지세持世와 유마
   의 도량道場은 실로 천연天淵의 차가 있도다.

7 오음五陰의 신身은 생로병사의 고통을 산출하는 원적怨
   賊이다.

8 사대四大는 허가虛假하나 화합위신和合爲身하여 육욕을
   베풀어 도를 막음을 독사에 비한 것이다.

9 내입內入은 내심으로 감수感受하는 경진境塵을 이름이
   니 이를 공허한 취락聚落과 같이 보며 염착染着치 아니

함이다.

10 삼탈문三脫門은 곧 삼해탈문三解脫門이니 공空·무상無相·무원無願이 이것인데 이 해탈도解脫道가 순숙純熟하기 전에 중도에서 방황함을 비시非時라 한다.

11 악지식惡智識은 악행의 사람(人)을 이름이니 비록 악지식이라도 이를 장호將護하여 교화함이 가하다.

12 성범聖凡과 고락의 구별은 장소(住所)에 있음이 아니라 용심처사用心處事에 있는 것이니 비록 마궁魔宮에 있으나 보살의 행行을 행하면 마궁을 변화시켜 불국佛國을 만들게 된다.

4.

부처님이 장자의 아들 선덕善德에게 이르시되, 네가 유마
힐에게 가서 문병하라. 선덕이 부처님께 아뢰어 말씀드리
기를, 세존이시여, 저는 거기에 가서 문병함을 감당치 못
하겠습니다. 무슨 까닭이겠습니까. 생각하니, 제가 옛적
에 아버님 집에서 큰 시회施會를 베풀고 일체의 사문沙門
과 바라문과 모든 외도와 가난한 천인과 고독한 걸인을
공양하되 칠 일을 채우려 하더니, 그때 유마힐이 회중 가
운데 들어와 저에게 일러 말하되, 장자의 아들이여, 대저
큰 시회는 마땅히 너의 베푼 바와 같지 아니함이니 마땅
히 법시회法施會를 할 것이지 어찌 재물로 시회를 하느냐.[1]
제가 말하기를, 거사여, 무엇을 법보시회法布施會라 합니
까. 대답하되, 법보시회는 앞도 없고 뒤도 없어 한때에 일
체 중생을 공양하느니 이것을 이름이 법보시회라 하니라.
가로되, 무엇을 이름이냐.[2] 이는 보리로써 사랑하는 마음
을 일으키며,[3] 중생을 구함으로써 큰 슬픔을 일으키며,
정법正法을 가짐으로써 기쁨을 일으키며,[4] 지혜를 끌어잡
음으로써 버리는 마음을 일으키며, 간탐慳貪을 끌어잡음
으로써 단바라밀檀波羅蜜[5]을 일으키며, 계戒를 범함을 교

화합으로써 시라바라밀尸羅波羅蜜[6]을 일으키며, 내가 없는 법으로써 찬제바라밀羼提波羅蜜[7]을 일으키며, 몸과 마음의 모습을 여읨으로써 비리야바라밀毘梨耶波羅蜜[8]을 일으키며, 보리상菩提相으로써 선바라밀禪波羅蜜[9]을 일으키며, 일체 지혜로써 반야바라밀般若波羅蜜[10]을 일으키며, 중생을 교화하되[11] 빈 마음을 일으키며, 유위법有爲法[12]을 버리지 아니하되 모습 없음을 일으키며, 시현示現으로 생生을 받되 지음 없음을 일으키며,[13] 바른 법을 호지護持하여 방편력을 일으키며, 중생을 제도함으로써 사섭법四攝法을 일으키며, 일체를 공경하여 섬김으로써 거만을 버리는 법을 일으키며, 몸과 목숨과 재물에 삼견법三堅法[14]을 일으키며, 육념六念[15] 가운데에 생각하는 법을 일으키며, 육화경六和敬[16]으로 질직質直한 마음을 일으키며, 착한 법을 올바르게 행하여 정명淨命을 일으키며, 마음이 조촐하고 기뻐하여 성현賢聖을 가까이함을 일으키며, 악한 사람을 미워하지 아니하여 조복調伏하는 마음을 일으키며, 출가의 법으로써 깊은 마음을 일으키며, 말과 같이 행함으로써 많이 들음을 일으키며, 다툼이 없는 법으로써 공한空閑한 곳을 일으키며,[17] 부처님의 지혜에 취향趣向하여 연좌宴坐를 일으키며,[18] 중생의 묶음을 풀어 행을 닦는 곳을 일으키며,[19] 상호相好를 갖추고 불토佛土를 조촐히 함으로 써 복덕업福德業을 일으키며, 일체 중생의 마음을 알아서 따름과 같이 법을 설하여 지업智業을 일으키며, 일체법一 切法[20]의 취하지도 아니하고 버리지도 아니함을 알아 일상 一相의 문에 들어가 지혜업을 일으키며, 일체의 번뇌와 일 체의 장애와 일체의 착하지 못한 법을 끊음으로써 일체 의 착한 업을 일으키며, 일체 지혜와 일체의 착한 법을 얻 음으로써 일체의 불도를 돕는 법을 일으키느니 이 같은지 라. 착한 남자여, 이것이 법으로 보시하는 법회가 되느니 라. 만약 보살이 이같이 법시회에 머무는 자는 큰 시주가 되며, 또한 일체 세간의 복밭이 되느니라.

세존이여, 유마힐이 이 법을 말할 때 바라문의 무리 가운 데에 이백 사람이 다 아뇩다라삼먁삼보리심을 발하는지 라. 나는 이때 마음에 청정함을 얻어 미증유를 탄嘆하고 머리를 조아리며 유마힐의 발에 예하고 곧 영락瓔珞의 값 백천 이상을 풀어서 드렸더니 즐겨 취하지 아니하는지라. 제가 말씀하되, 거사여, 원컨대 반드시 들어 받으시와 뜻 에 따라 주소서 하였더니, 유마힐이 이에 영락을 받아 나 누어 이분二分을 지어 일분은 이 모든 회중 가장 아래에 서 구걸하는 사람에게 주고,[21] 일분은 저 난승여래難勝如

來께 바치니 일체의 법회가 다 광명국토光明國土의 난승여
래를 보고, 또한 구슬이 저 부처님 위에서 변하여 네 기
둥[22]의 보대寶臺를 이루어 사면으로 꾸미니 서로 가리지
아니함을 보는지라. 이때에 유마힐이 신변神變을 나타내
고 또 말씀하되, 만약 시주가 같은 마음으로 한 가장 아
래의 구걸하는 사람에게 보시하면 여래의 복밭福田의 상
相과 같아서 분별할 바가 없을 것이며, 큰 슬픔과 같아서
과보果報를 구하지 아니하면 이는 곧 구족具足히 법으로
보시함이라.[23] 성城 가운데 한 가장 아래의 구걸하는 사
람이 이 신력을 보며, 그 말하는 바를 듣고 다 아뇩다라
삼먁삼보리심을 발하였으므로 해서 저는 거기에 가서 문
병함을 맡지 못하겠습니다.

이같이 모든 보살이 각각 부처님을 향하여 그 본연本緣을
말하며 유마힐의 말한 바를 일컫고 다 가로되, 거기에 가
서 문병함을 맡지 못하겠다고 말하다.

佛告長者子善德 汝行詣維摩詰問疾 善德白佛言 世尊 我
不堪任詣彼問疾 所以者何 憶念我昔自於父舍設大施會 供
養一切沙門 婆羅門 及諸外道 貧窮 下賤 孤獨 乞人 期滿
七日 時維摩詰來入會中 謂我言 長者子 夫大施會不當如

汝所設 當爲法施之會 何用是財施會爲 我言 居士 何謂法

施之會 答曰 法施會者 無前無後 一時供養一切衆生 是名

法施之會 曰 何謂也 謂以菩提 起於慈心 以救衆生 起大悲

心 以持正法 起於喜心 以攝智慧 行於捨心 以攝慳貪 起

檀波羅蜜 以化犯戒 起尸羅波羅蜜 以無我法 起羼提波羅

蜜 以離身心相 起毘梨耶波羅蜜 以菩提相 起禪波羅蜜 以

一切智 起般若波羅蜜 教化衆生 而起於空 不捨有爲法 而

起無相 示現受生 而起無作 護持正法 起方便力 以度衆生

起四攝法 以敬事一切 起除慢法 於身命財 起三堅法 於六

念中 起思念法 於六和敬 起質直心 正行善法 起於淨命 心

淨歡喜 起近賢聖 不憎惡人 起調伏心 以出家法 起於深心

以如說行 起於多聞 以無諍法 起空閑處 趣向佛慧 起於宴

坐 解衆生縛 起修行地 以具相好 及淨佛土 起福德業 知

一切衆生心念 如應說法 起於智業 知一切法 不取不捨 入

一相門 起於慧業 斷一切煩惱 一切障碍 一切不善法 起一

切善業 以得一切智慧 一切善法 起於一切助佛道法 如是

善男子 是爲法施之會 若菩薩住是法施會者 爲大施主 亦

爲一切世閒福田 世尊 維摩詰說是法時 婆羅門衆中二百人

皆發阿耨多羅三藐三菩提心 我時心得清淨 歎未曾有 稽

首禮維摩詰足 卽解瓔珞價直百千以上之 不肯取 我言 居

士 願必納受 隨意所與 維摩詰乃受瓔珞 分作二分 持一分
施此會中一最下乞人 持一分奉彼難勝如來 一切衆會皆見
光明國土難勝如來 又見珠瓔在彼佛上變成四柱寶臺 四面
嚴飾 不相障蔽 時維摩詰現神變已 作是言 若施主等心施
一最下乞人 猶如如來福田之相 無所分別 等于大悲 不求
果報 是則名曰具足法施 城中一最下乞人 見是神力 聞其
所說 皆發阿耨多羅三藐三菩提心 故我不任詣彼問疾 如
是諸菩薩各各向佛說其本緣 稱述維摩詰所言 皆曰 不任
詣彼問疾

전에는 일개一蓋의 가운데서 정토淨土를 나타내고, 지금에는 족지足指로 땅을 눌러서 삼천대천세계를 장엄莊嚴하니 부처님의 위신威神이 실로 그 단예端倪[63]를 보기 어렵도다. 그러나 이는 실로 부처님의 신화神化가 아니라 중생 심중心中의 환화幻化니라. 범부가 미迷를 고집하여 정淨 중에서 부정不淨을 보고, 부정 중에서 정을 보느니 불의 법안法眼 중에 어찌 정과 부정의 차이가 있으리오. 중생이 마음을 깨달으면 제불諸佛의 기량伎倆이 다하느니라.

1 유한有限의 재물로 소수의 사람을 보시함은 대시회大施會가 되지 못할지니 무한의 법으로 무량의 사람을 보시함이 비로소 대시회가 되는 것이다.

2 물질의 보시는 선후의 차례와 수량의 다소가 있을지나 무형의 법시는 전후와 다소의 한계가 없다.

3 보리를 구하기 위하여 자비심을 일으킴이다.

4 탐착貪着을 가짐은 우치愚痴한 일이니 탐심貪心을 버리

---

63   일의 처음과 끝

는 것이 지혜로운 일이다.

5 단바라밀檀波羅蜜(dānā-pāramitā)의 단檀은 의역 보시布施
  요, 바라밀은 의역하면 도度 또는 도피안到彼岸이니, 단
  바라밀은 보시의 행行이라는 뜻이다.

6 시라尸羅(sila)는 의역 계戒로 율律이라고도 한다. 부처님
  이 제정한 법을 지켜 허물이 없도록 하고 악을 멀리하
  는 것이다.

7 찬제羼提(ksanti)는 의역 인욕忍辱으로 안인安忍이라고도
  한다. 욕됨을 참고 어려움을 견디는 것이다. 인아人我의
  상相에 집착함으로써 진에瞋恚를 생기게 하니 아상我相
  이 없으면 인욕이 용이容易하니라.

8 비리야毘梨耶(virya)는 의역 정진精進이니 신심信心에 대한
  고통을 떠나는 것이 곧 정진의 요결要訣이다.

9 보리의 과果를 얻기 위하여 선禪을 닦음이다.

10 반야般若(prajñā)는 의역 지혜智慧라 대승불교에 있어서
  모든 법의 진실상眞實相을 아는 지혜, 즉 실상實相과 진
  여眞如를 달관하는 지혜를 말한다.

11 중생을 교화하되 그 마음을 공허케 하여 교화의 상에
  집착이 없음이다.

12 유위법有爲法을 행하되 착상着相이 없음이다.

¹³ 시현示現으로 세상에 나되 생사의 업業을 짓지 아니함
이다.

¹⁴ 삼견三堅은 무극無極의 신신身·무궁無窮의 명命·무진無盡
의 재財다.

¹⁵ 육념六念은 염불念佛·염법念法·염승念僧·염천念天·염계
念戒·염시念施다.

¹⁶ 육화경六和敬은 동계同戒·동견同見·동행同行·신자身慈·
구자口慈·의자意慈이다.

¹⁷ 심계心界가 공한空閑하면 쟁설諍說이 없음이다.

¹⁸ 연좌수선宴坐修禪하여 불혜佛慧를 얻음이다.

¹⁹ 중생의 번뇌에 속박됨을 풀기 위하여 행을 닦음이다.

²⁰ 일체법은 자체가 공적空寂하여 취사할 것이 없는지라,
필경 진여일상眞如一相의 문에 들어가니 지혜가 아니면
이를 알지 못하게 된다.

²¹ 유마힐이 영락瓔珞을 이분二分하여 일분은 최하의 걸인
에게 주고, 일분은 최상의 여래에게 드림은 무고무하無
高無下의 평등을 보이는 것이다.

²² 네 기둥은 여래의 자등字等·어등語等·신등身等·법등法
等의 네 평등을 표징表徵함이다.

²³ 대비大悲에 평등하여 환보還報를 희구하지 아니함이다.

제5

문수사리문질품 文殊師利問疾品

1.

그때에 부처님이 문수사리文殊師利에게 이르시되, 네가 유마힐에게 가서 문병하라. 문수사리가 부처님께 말씀하되, 세존이여, 저 어른은 수대酬對하기 어렵습니다. 깊이 실상實相을 통달하여 잘 법요法要를 말하는데 변재가 막힘이 없고 지혜가 걸림이 없어 일체 보살의 법식法式을 다 알아서 모든 부처님의 깊은 법(秘藏)¹에 들어가지 아니함이 없으며, 뭇 마魔를 항복받고 신통神通에 놀며 그 지혜의 방편이 다 이미 득도하였습니다. 비록 그러나 마땅히 부처님의 거룩한 뜻을 이어 거기 가서 병을 묻겠습니다.

爾時佛告文殊師利 汝行詣維摩詰問疾 文殊師利白佛言 世尊 彼上人者 難爲酬對 深達實相 善說法要 辯才無滯 智慧無礙 一切菩薩法式悉知 諸佛秘藏無不得入 降伏衆魔 遊戲神通 其慧方便 皆已得度 雖然 當承佛聖旨 詣彼問疾

—

이는 문수가 먼저 유마힐의 성덕을 설하여 자기의 겸덕謙德

을 보이고 문질問疾을 자임自任하여 사명에 당當한 것이다.

1 가만히 감춤은 곧 비밀법장秘密法藏이니 심묘한 법을

이름이다.

2.

이 무리 가운데 모든 보살과 큰 제자와 석범釋梵과 사천
왕이 다 이 생각을 갖되 이제 두 대사大士인 문수사리文殊
師利와 유마힐이 함께 말씀하니 반드시 묘한 법을 말하리
라 하고 그때에 팔천 보살과 오백 성문聲聞과 백천 천인天
人이 다 따라가고자 하거늘 이에 문수사리는 모든 보살과
큰 제자의 무리와 모든 천인으로 더불어 공경히 둘러싸
여 비야리 대성에 들어가니라.

於是衆中諸菩薩 大弟子 釋梵 四天王 咸作是念 今二大士
文殊師利 維摩詰共談 必說妙法 卽時八千菩薩 五百聲聞
百千天人 皆欲隨從 於是文殊師利與諸菩薩 大弟子衆及
諸天人 恭敬圍繞 入毘耶離大城

원래 유마힐은 법을 설하기 위하여 병(疾)을 나타내 보이고, 문수사리는 불지佛旨를 받들어 사명을 맡은즉 심상한 문질問疾은 아닐 것이다. 모든 제자가 수종隨從코자 함이 어찌 도연徒然[64]함이리오.

---

[64]   쓸데없음. 소용없음.

3.

그때에 장자 유마힐이 마음에 생각하되, 이제 문수사리
가 큰 무리로 더불어 함께 오리라 하고 곧 신력으로써 그
집안을 비워, 있는 것과 모든 시자侍者를 없애버리고 오직
한 상牀만 두고 병으로 누우니라.

爾時長者維摩詰心念 今文殊師利與大衆俱來 卽以神力空
其室內 除去所有及諸侍者 唯置一牀 以疾而臥

—

이는 실내의 소유를 제거하여 설법의 자료를 만드는 것
이다.

4.

문수사리가 이미 그 집에 들매 그 집이 비어 모든 있는
것이 없고 홀로 한 평상에 누음을 본지라, 이때에 유마힐
이 말씀하시되, 잘 왔도다. 문수사리여, 오는 상相이 없이
오고, 보는 상相이 없이 보는도다.[1] 문수사리가 말씀하되,
이 같은지라 거사여, 만약 왔다 하여도 다시 온 것이 아
니며, 만약 간다 하여도 다시 간 것이 아니니[2] 무슨 까닭
입니까. 오는 자는 쫓아오는 바가 없고 가는 자는 이르는
바가 없으니, 가히 본다는 바도 다시 가히 봄이 아니니
이것은 그만둘지어다.[3]

文殊師利既入其舍 見其室空 無諸所有 獨寢一牀 時維摩
詰言 善來 文殊師利 不來相而來 不見相而見 文殊師利言
如是居士 若來已 更不來 若去已 更不去 所以者何 來者
無所從來 去者無所至 所可見者 更不可見 且置是事

—

1 일체의 생멸법은 착상着相으로부터 생기느니 만약 착
  상을 떠나면 생멸이 곧 해탈이다. 오되 오는 모습(相)
  이 없으면 옴이 아니요, 가되 가는 모습이 없으면 감
  이 아니니, 이는 유마힐이 먼저 문수의 소증所證을 허
  락하여 영빈迎賓의 사辭를 술하는 동시에 겸하여 무형
  의 일문一問을 발함이다.

2 오는 상(來相)이 있어서 오는 것이 이미 다하면 그 옴(來)
  도 이미 다하는 고로 다시 옴(更來)이 없을 것이요, 가는
  상(去相)에 있어서 가는 것(去者)이 이미 다하면 그 감(去)
  이 이미 다하는 고로 다시 감(更去)이 없을지라. 오는 것
  (來者)은 쫓아오는 곳(所從來)이 없는 고로 감(去)이 아니
  다. 봄(見)도 이와 같아 보는 것(所見)이 있으면 한번 본
  후에 다시 봄(再見)이 없을지니 법에는 능래소래能來所來
  와 능견소견能見所見의 모습이 없음을 이름이다.

3 이는 문수가 유마힐의 두상頭上에 일추一椎를 가함이
  다. 이들의 법담法談은 심상尋常의 한화閒話이니 이 일
  을 두고 여래의 사명을 받들어 문질問疾의 본의를 진
  술코자 함이다.

5.

거사여, 이 병을 가히 참겠느냐 못참겠느냐. 고치고 다스
려 덜림(損)이 있고 더함에 이르지 아니하느뇨. 세존이 은
근히 안부를 많이 하더이다. 거사여, 이 병은 무슨 이유
로 일어났으며, 그 낫는 것이 오래며, 마땅히 어찌하여야
없앨 수 있으리오.[1] 유마힐이 말씀하시되, 어리석음으로
부터 애착을 두었으므로 나의 병이 생겼고, 일체 중생이
병들고 이런 까닭으로 내가 병들었거니와, 만약 일체 중
생이 병들지 아니하면 곧 나의 병도 없어질 것이다. 어떤
까닭입니까. 보살이 중생을 위하는 까닭으로 나고 죽음
에 들어가느니 나고 죽음이 있으면 곧 병이 있는지라, 만
약 중생이 병을 떠나면 곧 보살이 다시 병들지 아니할지
라. 비유컨대 장자가 오직 한 아들을 두매 그 아들이 병
을 얻으면 아비와 어미가 또한 병들고, 만약 아들이 병이
나으면 아비와 어미도 또한 나으리니, 보살도 이 같아 모
든 중생을 사랑하기를 아들같이 하여 중생이 병들면 보
살도 병들고, 중생이 병이 나으면 보살도 또한 낫느니라.
또 말씀하되, 이 병이 무슨 까닭으로 생겼느냐 하니 보살
의 병은 큰 슬픔으로써 일어나느니라.[2]

居士 是疾寧可忍不 療治有損 不至增乎 世尊慇懃致問無量 居士是疾 何所因起 其生久如 當云何滅 維摩詰言 從癡有愛 則我病生 以一切衆生病 是故我病 若一切衆生 得不病者 則我病滅 所以者何 菩薩爲衆生故入生死 有生死則有病 若衆生得離病者 則菩薩無復病 譬如長者 唯有一子 其子得病 父母亦病 若子病愈 父母亦愈 菩薩如是 於諸衆生 愛之若子 衆生病則菩薩病 衆生病愈 菩薩亦愈 又言是疾 何所因起 菩薩病者 以大悲起

¹ 먼저 부처님의 사명을 전하고 후에 그 병의 기멸起滅을 물음이다.

² 일체 중생이 우치愚痴로부터 애착을 생하는 고로 병이 생기느니 일체 중생이 병이 생기면 보살도 또한 병이 생기니라. 보살은 생사를 떠났으니 생사를 떠나면 병도 없으나 중생을 제도하기 위하여 생사고락을 중생으로 더불어 같이하는 까닭이며, 법의 체성體性으로 보면 중생과 보살이 차이가 없는 고로 중생이 병들면 보살도 또한 병들고, 중생이 병이 나으면 보살도 또한 낫느니라.

6.

문수사리가 말씀하되,[1] 이 집이 어찌 해서 텅 비어 시자侍者가 없느뇨. 유마힐이 말씀하되, 모든 부처님의 국토도 또한 다 비었느니라.[2] 또 묻되, 무엇으로써 공空함을 삼느뇨.[3] 대답하여 말하되, 빔(空)도 빔으로 쓰느니라.[4] 또 묻되, 비었으면 어찌 빔을 쓰리오.[5] 대답하여 말하되, 분별이 없는 빔을 쓰는 까닭으로 비느니라.[6] 또 묻되, 빔을 가히 분별하리오.[7] 대답하여 말하되, 분별도 또한 비느니라.[8] 또 묻되, 빔은 마땅히 어디서 구하리오.[9] 대답하여 말하되, 마땅히 육십이견見 가운데에서 구할지니라.[10] 또 묻되, 육십이견은 마땅히 어디서 구하리오. 대답하여 말하되, 마땅히 모든 부처님의 해탈 가운데에서 구할지니라. 또 묻되, 모든 부처님의 해탈은 마땅히 어디서 구하리오. 대답하여 말하되, 마땅히 일체 중생의 심행心行 가운데서 구할지니라. 또 인자仁者의 물은 바 어찌 시자侍者가 없느뇨 함은 일체의 뭇 마魔와 모든 외도外道가 다 나의 모심이다. 어쩐 까닭이뇨. 뭇 마란 자는 나고 죽음을 즐겨 하거늘 보살은 나고 죽음을 버리지 아니하며, 외도란 자는 제견諸見을 즐겨 하거늘 보살은 모든 제견에 움직이지 아

니하느니라.[11]

文殊師利言 居士此室 何以空無侍者 維摩詰言 諸佛國土
亦復皆空 又問 以何爲空 答曰 以空空 又問 空何用空 答曰
以無分別空故空 又問 空可分別耶 答曰 分別亦空 又問 空
當於何求 答曰 當於六十二見中求 又問 六十二見當於何求
答曰 當於諸佛解脫中求 又問 諸佛解脫當於何求 答曰 當
於一切衆生心行中求 又仁所問 何無侍者 一切衆魔及諸
外道 皆吾侍也 所以者何 衆魔者樂生死 菩薩於生死而不
捨 外道者樂諸見 菩薩於諸見而不動

1 문수가 유마힐의 방에 아무것도 없음을 보고 빈(空) 까닭을 물음이다.

2 대답하되 소유가 없는 나의 방만 공이 아니라 만상萬像 이 삼렬森列한 제불국토諸佛國土가 다 공이니라.

3 묻되 공이면 어떤 것을 공이라 하는가. 유물有物을 공 이라 하는가, 무물無物을 공이라 하는가.

4 대답하되 유물을 공이라 함도 아니오, 무물을 공이라 함도 아니라 공도 또한 공함을 공이라 하느니라.

5 묻되 공이면 어떠한 것도 없음이거늘 공이 또 어찌 공 할 것이 있으리오.

6 대답하되 공에 대한 의식적인 분별이 없는 고로 공도 또한 공하다 함이니라.

7 묻되 그러면 공도 가히 분별할 수가 있는가.

8 대답하되 공은 가히 분별치 못할 뿐만 아니라 분별 자 체도 또한 공하여 비로소 공이 되느니라. 이로 말미암 아 보면 객관적 실재實在의 공은 없느니라. 공이라 하 면 어떤 것도 없음을 의미함이니, 곧 유형도 없고 따라 서 무형도 없음을 공이라 알지라. 세상 사람들은 유형

의 물物 없는 곳을 공이라 하나 유형의 물物이 없는 곳은 무형의 물이 될지언정 공은 되지 못할지라. 유형의 물이 없는 곳을 지칭하여 공이라 하는 공은 그 공이 공하고, 또 공하여 기하학적幾何學的으로 몇억만 번을 공할지라도 최후의 공, 그것이 있을지니 즉 공이라 할 것이 있으면 공이 아니라, 공空이니 비공非空이니 하는 의식적 분별을 떠나는 곳이 곧 진공眞空이 되느니 그러면 분별을 떠나면 유물무물有物無物을 물론하고 어느 곳 어떤 물건이 공 아님이 없고, 분별을 생하면 공기를 배제한 진공관의 공도 비공이 되느니 공과 비공은 자기 마음에서 생하는 주관적인 현상일 뿐이니라.

9 묻되 분별도 또한 공함은 어떤 곳에서 구하리오.

10 대답하되 분운착잡紛紜錯雜[65]한 외도外道의 육십이견 가운데서 구할지니 무분별과 육십이견의 본원本源은 다 진여일심眞如一心인 고로 제불諸佛의 해탈과 중생의 심행心行도 동일본원同一本源의 한 마음에서 생김이니라.

11 좌우에 있어 명령을 복종하는 시자侍者만 시자가 아니라 군마외도群魔外道가 다 시자니 무슨 까닭입니까. 중

---

65   떠들썩하여 복잡하고 어지러움.

마衆魔는 생사를 즐기거늘 보살도 중생을 제도하기 위하여 생사에 출입하고, 외도外道는 각종의 착잡한 지견知見을 즐기거늘 보살도 동일본원의 진여眞如에서 유출流出하는 잡견雜見을 떠나 별법別法에 이동移動치 아니하는 까닭이다.

7.

문수사리가 말씀하시되, 거사의 병든 바가 어떠한 모습인 것입니까. 유마힐이 말씀하시되, 나의 병은 형상이 없어서 가히 보지 못하느니라. 또 묻되, 이 병은 몸에 합함이냐, 마음에 합함이냐. 대답하여 가로되, 몸에 합함이 아니니 몸의 모습을 여읜 까닭이며, 또한 마음에 합함이 아니니 마음이 환幻과 같은 까닭이니라. 또 묻되, 지대地大·수대水大·화대火大·풍대風大, 이 사대四大에서 어느 대大의 병이뇨. 대답하여 가로되, 이 병은 지대地大가 아니로되 또한 지대를 여의지 아니하느니 물·불·바람도 또한 이 같아 중생의 병은 사대로 좇아 일어나느니 그 병이 있음으로써 이 까닭으로 나(我)도 병드느니라.

文殊師利言 居士所疾 爲何等相 維摩詰言 我病無形不可見 又問 此病身合耶 心合耶 答曰 非身合 身相離故 亦非心合 心如幻故 又問 地大 水大 火大 風大 於此四大 何大之病 答曰 是病非地大 亦不離地大 水火風大 亦復如是 而衆生病 從四大起 以其有病 是故我病

—

신체는 허가虛假한 사대四大의 집합체라 실상實相이 없느
니 병은 육신에 합함도 아니요, 마음은 환화幻化와 같아
서 실체實體가 없느니 병은 마음에 합함도 아니다. 그러나
사대의 육신을 떠나서는 병이 생기는 것이 아닌즉 사대에
합함도 아니요, 떠남도 아니니라. 중생은 사대에 집착하
여 병이 생기느니 보살도 중생을 수순隨順하여 병이 있음
이다.

8.

그때에 문수사리가 유마힐에게 물어 말씀하되, 보살이
응당히 어찌 병 있는 보살을 위로하리오. 유마힐이 말씀
하시되 몸의 떳떳함이 없음을 말하되 몸을 염리厭離함을
말하지 아니하며,[1] 몸의 괴로움이 있음을 말하되 열반을
즐겨함을 말하지 아니하며,[2] 몸의 나 없음을 말하되 중생
을 가르쳐 인도함을 말하며,[3] 몸의 비(空)고 고요함을 말
하되 필경에 고요히 멸함을 말하지 아니하며,[4] 먼저 죄를
뉘우침을 말하되 과거에 들어감을 말하지 아니하며,[5] 나
의 병으로써 다른 이의 병을 불쌍히 여기며, 마땅히 숙세
宿世 무수겁無數劫의 괴로움을 알며, 마땅히 일체 중생을
이롭게 함을 생각하며, 닦은 바 복을 생각하며, 조촐한
명命을 생각하며, 근심을 내지 말고 늘 정진精進을 일으키
며, 마땅히 의왕醫王을 지어 뭇 병을 낫게 하여 다스리라
할지니 보살이 응당히 이같이 병 있는 보살을 위로하여
그로 하여금 그를 기쁘게 할지니라.[6]

爾時 文殊師利問維摩詰言 菩薩應云何 慰喩有疾菩薩 維
摩詰言 說身無常 不說厭離於身 說身有苦 不說樂於涅槃

說身無我 而說教導衆生 說身空寂 不說畢竟寂滅 說悔先
罪 而不說入於過去 以己之疾 愍於彼疾 當識宿世無數劫
苦 當念饒益一切衆生 憶所修福 念於淨命 勿生憂惱 常起
精進 當作醫王 療治衆病 菩薩應如是 慰喻有疾菩薩 令其
歡喜

1 육신의 무상을 설하여 집착을 떠나게 할 것이나, 신체를 염리厭離함을 설하여 병자로 하여금 육신을 경시輕視하여 무의미한 희생에 이르게 함은 불가하니라.

2 어떤 사람이라도 신체에 여러 가지의 고통이 있음을 설하여 병에 대한 관념觀念을 완화緩和할 것이나 열반의 즐거움(樂)을 설하여 염세의 뜻(志)을 일으키게 함은 불가하니라.

3 육체의 무아를 말하여 아상我相을 떠나게 하되 단공타락單空墮落[66]하지 아니하고 육체를 분기(奮)하여 중생을 교도敎導함을 설함이다.

4 신상身相의 공적空寂을 설하되 적멸寂滅에 영주永住하여 그 몸을 독선獨善함을 설하지 아니함이다.

5 병은 병이 생기기 전에 병의 원인을 만든 결과니 병의 원인이 곧 죄다. 병인病因의 죄를 뉘우쳐 미래의 개전改悛을 도모할 것이나 과거의 죄를 집착하여 번민을 생함은 불가한 것이다.

---

66   공을 유有에 대한 상대적인 것으로 해석함.

6   이 이하는 병에 대한 고통을 완화하는 방편이니 이를
    설하여 병자를 위로함이다.

9.

문수사리가 말씀하시되, 거사여, 병 있는 보살이 어찌 그 마음을 조복調伏하느뇨. 유마힐이 말씀하시되, 병 있는 보살이 응당히 이 생각을 짓되 이제 나의 이 병이 다 전세前世의 망상전도妄想顚倒된 모든 번뇌로부터 남이라. 실법實法이 있음이 없느니 누가 병을 받을 자이리오. 어쩐 까닭이뇨. 사대四大가 합한 까닭으로 거짓 이름으로 몸이 된지라, 사대가 주가 없으므로 몸도 또한 내가 없으니, 또 이 병의 일어남이 다 나에 집착함으로 말미암음이라. 이런 까닭으로 마땅히 나에 집착을 내지 말지니라.

文殊師利言居士 有疾菩薩 云何調伏其心 維摩詰言 有疾菩薩 應作是念 今我此病 皆從前世妄想顚倒諸煩惱生 無有實法 誰受病者 所以者何 四大合故 假名爲身 四大無主 身亦無我 又此病起 皆由著我 是故於我 不應生著

—

마음이 생하면 병이 생하는 것이라, 병은 일체 망상의 집착에서 생기느니 망상의 집착을 떠나면 만병이 모두 소멸할 것이다. 가령 병이 있다 할지라도 집착을 떠나 병을 잊으면 병이 없는 것과 같게 된다.

10.

이미 병의 근본을 알면 곧 나의 생각과 중생의 생각을 제하고 마땅히 법法의 생각을 일으킬지니 응당 생각을 가지되 다만 뭇 법으로써 합하여 이 몸을 이룬 것이므로 일어나는 것도 오직 법이 일어남이요, 멸하는 것도 오직 법이 멸함이며, 또 이 법은 각각 서로 알지 못하며 일어날 때에 내가 일어난다 말하지 아니하고, 멸할 때에 내가 멸한다 말하지 아니하느니라.

旣知病本 卽除我想及衆生想 當起法想 應作是念 但以衆法 合成此身 起唯法起 滅唯法滅 又此法者 各不相知 起時不言我起 滅時不言我滅

병이 망상전도妄想顚倒로 생김을 알면 나와 중생의 두 상想을 제하고 아공我空을 얻을지라. 오음五陰의 중법衆法이 합하여 육체를 이루었은즉 기起도 오음법五陰法의 기요, 멸도 오음법의 멸이며, 제법諸法의 자체가 없는 고로 기법起法·멸법滅法이 상지相知[67]치 못하느니라.

---

67   서로 알다. 서로 아는 사이

11.

저 병 있는 보살이 법의 생각을 멸하기 위하여 마땅히 이
생각을 가지되 이 법의 생각이란 또한 이 전도顚倒라. 전
도는 곧 이 큰 근심이니 나를 응당 떠나리라. 어찌 떠남
이 되는가. 나와 내것을 떠남이니라. 어찌 나와 내것을 떠
남인가. 두 법을 떠남을 이름이니라. 어찌 두 법을 떠남인
가. 안과 밖의 모든 법을 생각지 아니하고 평등을 행함이
니라. 어찌 평등이라 하는가. 나도 같고 열반도 같음을 이
름이니라. 어떤 까닭이뇨. 나와 열반이 모두 다 공空함이
니라. 무엇으로써 비었는가. 다만 명자名字로 쓰는 까닭으
로 비었느니 이 같은 두 법이 결정決定한 성性이 없느니라.

彼有疾菩薩 爲滅法想 當作是念 此法想者 亦是顚倒 顚倒
者是卽大患 我應離之 云何爲離 離我 我所 云何離我我所
謂離二法 云何離二法 謂不念內外諸法行於平等 云何平
等 謂我等 涅槃等 所以者何 我及涅槃 此二皆空 以何爲空
但以名字故空 如此二法 無決定性

진여眞如의 법성法性에서 보면 법상法想도 이 전도망상顚倒
妄想의 하나이다. 이를 떠날지니 법상을 떠남은 자아의 내
신內身과 나의 소연所緣인 외경外境, 곧 내것을 떠나고 나
와 열반에 평등공적平等空寂할지니라.

12.

이 평등을 얻으면 남은 병은 있음이 없고 오직 빈(空) 병이 있으니 병도 또한 빌(空)지라. 이 병 있는 보살이 받는 바가 없음으로써 모든 받음을 받느니, 불법을 갖추지 못하면 또한 받음도 멸하고 증證을 취하지 아니하느니라.

得是平等 無有餘病 唯有空病 空病亦空 是有疾菩薩以無所受而受諸受 未具佛法 亦不滅受而取證也

제법諸法의 공적空寂을 알아 평등을 얻으면 다른 병은 없으나 오히려 공병空病이 있느니 공병도 또한 멀리 떠날 것이다. 병 있는 보살菩薩이 공병도 공함에 이르면 일념一念이 일어나지 아니하여 일법一法도 소수所受가 없을지나 중생을 제도하기 위하여 제법을 받느니 불법佛法을 갖추어 중생을 제도하기를 다하지 못하면 수상受想을 멸하고 열반을 증득하지 아니하느니 수상受想은 고락 등의 감수感受를 말함이다.

13.

설사 몸에 괴로움이 있으면 악취 중생惡趣衆生을 생각하여 큰 슬픈 마음을 일으켜, 내가 이미 조복調伏되었으니 또한 마땅히 일체 중생을 조복하리라 하여 다만 그 병을 제하고 법을 제하지 아니할 것이다.[1] 병의 근본을 끊기 위하여 가르쳐 인도할지니 어찌 병의 근본이라 이르는가. 그것은 반연攀緣이 있음을 이름이니 반연이 있음으로부터 곧 병의 근본이 되느니라.[2] 무엇을 반연하는가. 이른바 삼계三界다. 어찌 반연을 끊는가. 얻을 것이 없음이니 만약 얻을 것이 없으면 곧 반연이 없을지라. 어떤 것을 얻을 바가 없다고 이르는가.[3] 두 가지 소견을 떠남을 이름이다. 무엇을 두 가지 소견이라 이르는가. 내견內見과 외견外見을 이름이니 이것을 떠나면 얻을 바가 없음이다. 문수사리여, 이것이 병든 보살이 그 마음을 조복하여 늙음과 병과 죽음을 끊기 위함이니 이것이 보살의 보리이다. 만약 이같지 아니하면 이미 닦아 다스린 바가 혜리慧利가 없음이 될지라.[4] 비유컨대 원怨을 이겨야 이에 가히 용勇이 됨과 같아 이같이 겸하여 늙음과 병과 죽음을 제하는 자는 보살을 이름이니라.

設身有苦 念惡趣衆生 起大悲心 我旣調伏 亦當調伏一切

衆生 但除其病 而不除法 爲斷病本而敎導之 何謂病本 謂

有攀緣 從有攀緣 則爲病本 何所攀緣 謂之三界 云何斷攀

緣 以無所得 若無所得 則無攀緣 何謂無所得 謂離二見 何

謂二見 謂內見外見 是無所得 文殊師利 是爲有疾菩薩調伏

其心 爲斷老病死苦 是菩薩菩提 若不如是 已所修治 爲無

慧利 譬如勝怨 乃可爲勇 如是兼除老病死者 菩薩之謂也

1 다만 그 병고를 제하고 도생度生의 법은 제하지 아니함이다.

2 세법世法에 반연攀緣하여 집착을 생함이 모든 병의 근본이다.

3 일체의 외경外境에 대하여 망상으로 감득하는 바가 없어 내신외경內身外境의 망견妄見을 끊으면 반연이 단절하여 병의 본원을 떠나는 것이다.

4 보살이 다만 그 마음을 조복하고 노老·병病·사死를 끊지 아니하면 그 소수所修가 혜리慧利치 못함이다.

14.

저 병 있는 보살이 응당 다시 이 생각을 짓되 나의 이 병
같음은 참도 아니요 있음도 아니라, 중생의 병도 또한 참
도 아니요 있음도 아니라 할지니 이 관觀을 지을 때에 모
든 중생에 만약 애견愛見의 큰 슬픔을 일으키면 곧 응당
놓아 여읠지라.[1] 어떤 까닭이뇨. 보살이 객진客塵의 번뇌
를 끊어 제하고 큰 슬픔을 일으킬지라. 애견의 슬픔은 곧
나고 죽음에 고달프고 싫은 마음이 있느니 만약 능히 이
를 떠나면 고달프고 싫은 마음이 없어 나는 곳마다 애견
의 덮는 바가 되지 아니할지라. 나는 곳마다 얽힘이 없으
면 능히 중생을 위하여 법을 설하여 얽힘을 풀지라. 부처
님의 말씀한 바와 같아 만약 스스로 얽힘이 있으면 능히
다른 이의 얽힘을 풀 수 없고, 만약 스스로 얽힘이 없으
면 능히 다른 이의 얽힘을 풀어줄 수 있느니 이런 까닭으
로 보살이 응당 얽힘을 일으키지 말지라. 어찌 얽힘이라
이르며, 어찌 풀림이라 이르느뇨. 선禪의 맛을 탐착貪着함
이 이 보살의 얽힘이요, 방편으로써 남(生)이 이 보살의
풀림이니라.[2]

彼有疾菩薩 應復作是念 如我此病 非眞非有 衆生病亦非
眞非有 作是觀時 於諸衆生 若起愛見大悲 即應捨離 所以
者何 菩薩斷除客塵煩惱而起大悲 愛見悲者 則於生死有
疲厭心 若能離此 無有疲厭 在在所生 不爲愛見之所覆也
所生無縛 能爲衆生說法解縛 如佛所說 若自有縛 能解彼
縛 無有是處 若自無縛 能解彼縛 斯有是處 是故菩薩不應
起縛 何謂縛 何謂解 貪著禪味 是菩薩縛 以方便生 是菩
薩解

1 애견愛見의 큰 자비는 중생에 애착함으로 인하여 비심
悲心을 생함이니 애착의 반면에는 피염疲厭이 있는지라.
애착으로 생기는 비심은 필경 피염으로 돌아가느니,
그러므로 이를 놓아 버림(捨離)이다. 보살은 마땅히 애
착과 피염의 번뇌를 제하고 청정清淨한 자비를 일으켜
중생을 제도할지니라.

2 적정寂靜한 선미禪味를 탐하여 중생을 제도하는 고통
을 피함. 이것이 곧 보살의 속박束縛이요, 선교善巧의
방편으로써 생사生死에 출입하여 중생을 제도함이 보
살의 해탈이다.

15.

또 방편이 없는 지혜는 얽힘이요, 방편이 있는 지혜는 풀림이며, 지혜가 없는 방편은 얽힘이요, 지혜가 있는 방편은 풀림이다. 어찌 방편이 없는 지혜는 얽힘이라 하는가.[1] 보살이 애견愛見의 마음으로써 불토를 장엄莊嚴하고 중생을 성취하여 공空과 상相이 없음과 지음이 없는 법 가운데에 스스로 조복調伏함이, 이 이름이 방편이 없는 지혜는 얽힘이다. 어찌 방편이 있는 지혜는 풀림이라 하는가.[2] 애견의 마음으로써 불토를 장엄하고 중생을 성취하여 공空과 상이 없음과 지음이 없는 법 가운데에 스스로 조복하고 고달프고 싫어하지 아니함을 이름이니 이 이름이 방편이 있는 지혜는 풀림이다. 어찌 지혜가 없는 방편은 얽힘이라 하는가. 보살이 탐욕貪欲·진에瞋恚·사견邪見 등의 모든 번뇌에 머물러 뭇 덕德의 근본을 심음은 이 이름이 지혜가 없는 방편은 얽힘이다. 어찌 지혜가 있는 방편은 풀림이라 하는가. 모든 탐욕과 진에와 사견 등의 모든 번뇌를 떠나 뭇 덕의 근본을 심어 아뇩다라삼먁삼보리에 회향廻向하는 이 이름이 지혜가 있는 방편은 풀림이다. 문수사리여, 저 병이 있는 보살이 응당 이같이 모든 법을 볼지니라.[3]

又無方便慧縛 有方便慧解 無慧方便縛 有慧方便解 何謂無方便慧縛 謂菩薩以愛見心莊嚴佛土 成就衆生 於空無相無作法中 而自調伏 是名無方便慧縛 何謂有方便慧解 謂不以愛見心莊嚴佛土 成就衆生 於空無相無作法中 以自調伏 而不疲厭 是名有方便慧解 何謂無慧方便縛 謂菩薩住貪欲 瞋恚 邪見等諸煩惱 而植衆德本 是名無慧方便縛 何謂有慧方便解 謂離諸貪欲 瞋恚 邪見等諸煩惱 而植衆德本 迴向阿耨多羅三藐三菩提 是名有慧方便解 文殊師利 彼有疾菩薩 應如是觀諸法

1 자리自利의 지혜만 있고 이타利他의 방편이 없으면 이
는 속박束縛이요, 이타의 방편만 있고 자리의 지혜가
없으면 이도 속박이라. 지혜와 방편이 쌍전雙全하여야
만 이것이 곧 해탈이다.

2 애견愛見에 집착하여 불토를 장엄하고 중생을 성취하
나 제법諸法에 대하여 자심自心만 조복하고 이타를 행
치 아니하느니 이것이 곧 방편이 없는 지혜다.

3 불토를 장엄하고 중생을 성취하되 애견에 집착하지 아
니하고 평등심으로써 하며, 제법諸法에 대하여 자심自
心을 조복하되 또한 중생을 제도함에 피염심疲厭心을
가지지 아니함이 이것이 곧 지혜와 방편이 쌍전雙全함
이다.

16.

또다시 몸의 상相이 없음과 괴로움과 공空과 내가 없음을 봄(見)이 이 이름이 지혜다.[1] 비록 몸에 병이 있으나 늘 나고 죽음에 있어서 일체를 이익되게 하되 싫어하지 아니함이 이 이름이 방편이며, 또다시 몸을 보되[2] 몸이 병을 떠나지 아니하며 병이 몸을 떠나지 아니하여 이 병과 이 몸이 새것도 아니요 옛것도 아니라 함이 이 이름이 지혜요,[3] 설사 몸에 병이 있으나 길이 멸하지 아니함이 이 이름이 방편이다.[4] 문수사리여, 병 있는 보살이 응당 이같이 그 마음을 조복調伏하되 그 가운데에 머물지 아니할지라. 이는 어떤 까닭이뇨. 만약 조복하지 아니하는 마음에 머물면 이는 미련한 사람의 법이요, 만약 조복하는 마음에 머물면 이는 성문聲聞의 법이다. 이런 까닭으로 보살이 마땅히 조복과 조복하지 아니하는 마음에 머물지 아니할지라. 이 두 법을 여의면 이것이 보살의 행行인 것이다.[5]

又復觀身無常苦空非我 是名爲慧 雖身有疾 常在生死 饒益一切 而不厭倦 是名方便 又復觀身 身不離病 病不離身 是病是身 非新非故 是名爲慧 設身有疾 而不永滅 是名方

便 文殊師利 有疾菩薩 應如是調伏其心 不住其中 亦復不住不調伏中 所以者何 若住不調伏心 是愚人法 若住調伏心 是聲聞法 是故菩薩不當住於調伏 不調伏心 離此二法 是菩薩行

—

1 자신에 대하여 무상無常·고苦·공空·무아無我의 뜻을 보아 병고에 계박繫縛되지 아니함은 지혜다.

2 자신에 병이 있으나 세간 생사 중에 있어서 일체 군생群生을 이익케 함은 방편이다.

3 몸과 병이 본래 허가虛假하여 두 상相이 없는 고로 서로 떠나는 체성體性이 없으며, 서로 떠나지 아니하는 고로 몸과 병에 신구新舊의 차이가 없는 것이다.

4 설사 몸에 병이 있으나 열반에 들어가 영멸永滅치 아니하고 생사 중에 있어서 중생을 제도함이 도생度生의 방편이다.

5 조복調伏과 부조복不調伏의 두 마음을 떠나고 일체의 집착을 초월함이 보살의 행이다.

17.

나고 죽음에 있되 더러운 행行을 하지 아니하며, 열반에
머물되 길이 멸도滅度하지 아니함이 이것이 보살의 행行
이요. 범부의 행도 아니고 성현聖賢의 행도 아님이 이 보
살의 행이요, 때 낀 행도 아니고 조촐한 행도 아님이 이
보살의 행이다.[1]

비록 마魔의 행보다도 지나치게 하지만 여러 마를 항복받
음을 나타냄이 이 보살의 행이요,[2] 일체지一切智를 구하되
때 아닌 구함 없음이 이 보살의 행이요,[3] 비록 모든 법의
나지 아니함을 보나 바른 자리에 들지 아니함이 이 모든
보살의 행이요,[4] 비록 십이연기十二緣起를 보나 모든 사견邪
見에 들어감이 이 보살의 행이요, 비록 일체 중생을 섭攝
하나 애착愛著하지 아니함이 이 보살의 행이다.[5]

비록 멀리 떨어지기를 즐겨 하나 몸과 마음의 다함에 의
지하지 아니함이 이 보살의 행이요,[6] 비록 삼계三界를 행
하나 법성法性을 헐지 아니함이 이 보살의 행이요,[7] 비록
공함을 행하나 모든 공덕의 근본을 심음이 이 보살이 행
이요, 비록 상相이 없음을 행하나 중생을 제도함이 이 보
살의 행이요, 비록 지음이 없음을 행하나 수생受生을 나

타냄이 이 보살이 행이요, 비록 일어남이 없음을 행하나 일체의 착한 행을 일으킴이 이 보살의 행이니라.[8]

비록 육바라밀六波羅蜜을 행하나 두루 중생의 마음과 심법心法을 앎이 이 보살의 행이요,[9] 비록 육통六通이 행하나 번뇌를 다하지 아니함이 이 보살의 행이요, 비록 사무량심四無量心을 행하나 범세梵世에 남을 탐착貪着하지 아니함이 이 보살의 행이요, 비록 선정해탈삼매禪定解脫三昧를 행하나 선禪을 따라서 나지 아니함이 이 보살의 행이요,[10] 비록 사념처四念處를 행하나 필경 길이 몸과 받음과 마음과 법을 여의치 아니함이 이 보살의 행이요,[11] 비록 사정근四正勤을 행하나 몸과 마음의 정진精進을 놓지 아니함이 이 보살의 행이니라.[12]

비록 사여의족四如意足을 행하나 자재自在한 신통神通을 얻음이 이 보살의 행이요,[13] 비록 오근五根을 행하나 중생의 모든 근根의 날카롭고 둔함을 앎이 이 보살의 행이요, 비록 오력五力을 행하나 부처님의 십력十力을 구함이 이 보살의 행이요,[14] 비록 칠각분七覺分을 행하나 부처님의 지혜를 분별함이 이 보살의 행이요,[15] 비록 팔정도八正道를 행하나 한량없는 부처님의 도道를 행함을 즐겨 함이 이 보살의 행이요, 비록 지관도止觀道를 돕는 법을 행하나 필경 적멸寂滅에 떨어지지 아니함이 이 보살의 행이요, 비록 모든 법의 나지도 아니하고 멸하지도 아니함을 행하나 상호相好로써 그 몸을 꾸밈이 이 보살의 행이요, 비록 성문聲聞과 벽지불辟支佛의 위의威儀를 나타내나 부처님의 법을 놓지 아니함이 이 보살의 행이요, 비록 모든 법이 구경究竟의 조촐한 모습을 따르나 응하는 바를 따라 그 몸을 나타냄이 이 보살의 행이요, 비록 모든 부처님의 국토가 길이 고요하여 빔(空)과 같음을 보나 가지가지의 청정한 불토를 나타냄이 이 보살의 행이요, 비록 부처님의 도를 얻어 법륜法輪을 굴리고 열반에 들되 보살의 도度를 놓지 아니함이 이 보살의 행이니라. 이 말을 말씀할 때에 문수사리가 거느린 대중 가운데 8천의 천자天子가 다 아뇩다라 삼먁삼보리심을 발하니라.[16]

在於生死 不爲汚行 住於涅槃 不永滅度 是菩薩行 非凡夫行 非聖賢行 是菩薩行 非垢行非淨行 是菩薩行 雖過魔行 而現降衆魔 是菩薩行 求一切智 無非時求 是菩薩行 雖觀諸法不生 而不入正位 是菩薩行 雖觀十二緣起 而入諸邪見 是菩薩行 雖攝一切衆生 而不愛著 是菩薩行 雖樂遠離 而不依身心盡 是菩薩行 雖行三界 而不壞法性 是菩薩行

雖行於空 而植衆德本 是菩薩行 雖行無相 而度衆生 是菩
薩行 雖行無作 而現受生 是菩薩行 雖行無起 而起一切
善行 是菩薩行 雖行六波羅蜜 而遍知衆生心心數法 是菩
薩行 雖行六通 而不盡漏 是菩薩行 雖行四無量心 而不貪
著生於梵世 是菩薩行 雖行禪定解脫三昧 而不隨禪生 是
菩薩行 雖行四念處 不畢竟永離身受心法 是菩薩行 雖行
四正勤 而不捨身心精進 是菩薩行 雖行四如意足 而得自
在神通 是菩薩行 雖行五根 而分別衆生諸根利鈍 是菩薩
行 雖行五力 而樂求佛十力 是菩薩行 雖行七覺分 而分別
佛之智慧 是菩薩行 雖行八正道 而樂行無量佛道 是菩薩
行 雖行止觀助道之法 而不畢竟 墮於寂滅 是菩薩行 雖行
諸法不生不滅 而以相好莊嚴其身 是菩薩行 雖現聲聞辟支
佛威儀 而不捨佛法 是菩薩行 雖隨諸法究竟淨相 而隨所
應 爲現其身 是菩薩行 雖觀諸佛國土 永寂如空 而現種種
清淨佛土 是菩薩行 雖得佛道 轉於法輪 入於涅槃 而不捨
於菩薩之道 是菩薩行 說是語時 文殊師利所將大衆 其中
八千天子 皆發阿耨多羅三藐三菩提心

―

이는 집착執着을 떠나 중도中道를 행하는 보살의 행을 설
명함이다.

1 생사열반과 범성구정凡聖垢淨을 초월하여 집착을 떠나
  상즉상입相即相入함을 이름이니라.

2 보살은 마행魔行을 초과하여 마계魔界에 섭입攝入할 바
  아니나 마를 항복받기 위하여 마행을 나타내느니라.

3 여래의 일체종지一切種智를 구하나 일체처一切處에 염착
  染着하는 비시非時의 구함이 없느니라.

4 제법諸法의 불생불멸을 보나 열반의 정위正位에 들어가
  공적空寂을 고수치 아니하고, 생사에 출입하여 중생을
  제도하느니라.

5 십이연기十二緣起는 즉 십이인연十二因緣이니 무명無明·
  행行·식識·명색名色·육처六處·촉觸·수受·애愛·취取·유
  有·생生·노사老死가 이것이다. 무명은 과거의 일체 번
  뇌요, 행은 과거의 행업行業이니 무명으로 좇아 일어
  남이요, 식은 의식意識이니 모태母胎에 투탁投託할 때의
  의식기능意識機能을 이름이요, 명색名色의 명은 정신이

고, 색은 물질이니 탁태托胎의 때에 지체肢體를 갖추지 못한 육괴肉塊를 말함이요, 육처는 육근六根이니 눈·귀 등의 형성을 말함이요, 촉觸은 모태에서 나온 후에 외물에 접촉하나 변지辨知의 능력이 없을 때를 말함이요, 수受는 감수感受요, 애愛는 애욕이요, 취取는 취착取着이요, 유有는 행업行業이요, 생生은 행업에 의하여 후세에 생길 종성種性을 말함이요, 노사老死는 신체의 변천 파멸變遷破滅이라. 보살은 십이인연의 법상法相을 알아 사도邪道를 여의었으나 사견중생邪見衆生을 제도하기 위하여 사견에 들어감이다.

6 신심身心의 집착을 멀리하려 하나 신진심멸身盡心滅하고 고목사회枯木死灰와 같지 아니함이다.

7 삼계三界 차별이 법상法相을 행하나 평등한 법의 체성體性을 파괴치 아니함이다.

8 번뇌를 떠나고 공적空寂한 행을 행하나 단공單空에 떨어지지 아니하고 중덕衆德의 근본을 심음(植)이다.

9 심수心數는 즉 심소心所와 마음에 감수되는 외경外境의 여러 상相을 말함이니 육도六度를 행하나 염념念念에 선정禪定을 닦아 중생의 마음과 심소를 아는 것이다.

10 육통六通을 행하나 중생을 제도하기 위하여 유루有漏

의 법을 진멸盡滅치 아니함이다.

11 사념처四念處는 육체에 대한 부정관不淨觀, 수수受(感受)에
대한 고관苦觀, 마음에 대한 무상관無常觀, 법에 대한
무아관無我觀이니 즉 신수심법身受心法이 멸진滅盡함으
로써 관觀함이다. 이 사념처를 행하나 신수법을 영원히
멀리하여 완공頑空에 떨어지지 아니함이다.

12 사정근四正勤을 행하나 이에 만족하지 아니하고 정진精
進을 계속함이다.

13 사여의족四如意足의 소신통小神通에 그치지 아니하고 자
재自在의 대신통大神通을 얻음이다.

14 자기의 오근五根을 알 뿐 아니라 일체 중생의 제근이둔
諸根利鈍을 앎이다.

15 칠각분七覺分 ① 택법각분擇法覺分은 일체 사물의 진위
眞僞를 택하는 지혜. ② 정진각분精進覺分은 수도 중에
무익의 고행을 하지 아니하고 진법眞法에 계합契合한
행을 행하는 지혜. ③ 희각분喜覺分은 법을 깨달아 사
법邪法에 환희歡喜를 생하지 않는 지혜. ④ 제각분除覺分
은 모든 허위를 제하고 진정한 선근善根을 증장增長함
이다. ⑤ 사각분捨覺分은 제견집착諸見執着의 경우를 버
림이다. ⑥ 정각분定覺分은 선정禪定을 발하여 망상을

일으키지 않음이다. ⑦ 염각분念覺分은 출세의 도법道法을 닦아 정혜평등定慧平等함을 말함이니 처음 세 분은 지혜에 속하고, 다음 세 분은 정定에 속하고, 나중 한 분은 정혜구定慧句 등을 이름이다. 보살은 이 칠각분에 그치지 아니하고 일체 지혜를 분별함이다.

16 지止는 정定이요, 관觀은 지혜니 지관조도止觀助道이 법을 닦음에 있어 적멸무위寂滅無爲에 떨어지지 아니함이다. 이는 보살이 어떠한 법에도 집착치 아니하고 시중時中에 의하여 중생을 제도함이다.

제6

부사의품

不思議品

1.

그때에 사리불舍利弗이 이 집 가운데 평상이 없음을 보고 이 생각을 짓되, 이 모든 보살과 큰 제자의 무리가 마땅히 어느 자리에 앉을고. 장자 유마힐維摩詰이 그 뜻을 알고 사리불에게 말씀하되, 어떤 까닭이뇨. 인자仁者여, 법을 위하여 왔느냐, 평상을 구함이냐. 사리불이 말씀하되, 나는 법을 위하여 온 것이지 평상을 위함이 아니로다. 유마힐이 말씀하되, 오직 사리불아, 대저 법을 구하는 자는 몸과 목숨을 탐하지 아니하거든 어찌 하물며 평상이리오. 대저 법을 구함은 색色·수受·상想·행行·식識의 구함이 아니며, 계界·입入으로 구함이 아니며, 욕欲·색色·무색無色계에서 구함이 아니니라.

오직 사리불아, 대저 법을 구하는 자는 부처에 집착(著)하여 구하지 아니하며, 법에 집착하여 구하지 아니하며, 무리에 집착하여 구하지 아니하는 것이다. 대저 법을 구하는 자는 괴로움을 보아 구하는 것도 아니고, 집集을 끊는 구함이 없고, 증證함을 다하고 도닦음을 만드는 구함도 아니니 어떤 까닭이뇨. 법에 희론戲論이 없느니, 만약 말하되 내가 마땅히 고통을 보고 번뇌를 끊고 명함을 증하고 도를 닦는다 하면 이는 곧 희론이지 법을 구함이 아니니라.

오직 사리불아, 법의 이름은 고요히 멸함이니 만약 나고 멸함을 행하면 이는 나고 멸함을 구함이지 법을 구함이 아니요, 법의 이름은 물듦이 없음이니 만약 법에 물들면 이에 열반에 이를지라도 이는 곧 물들어 집착함이요 법을 구함이 아니며, 법은 행하는 곳이 없으니 만약 법을 행하면 이는 곧 행하는 곳이지 법을 구함이 아니며, 법은 가지고 버림이 없느니 만약 법을 가지고 버리면 이는 곧 가지고 버림이지 법을 구함이 아니며, 법은 처소가 없느니 만약 처소에 집착할진대 이는 곧 처소에 집착함이지 법을 구함이 아니며, 법의 이름은 모습이 없음이니 만약 모습을 따라 알면 이는 곧 모습을 구함이지 법을 구함이 아니며, 법은 가히 머물지 못하느니 만약 법에 머물면 이는 곧 법에 머묾이지 법을 구함이 아니며, 법은 가히 보고 듣고 깨달아 알지 못할지니 만약 보고 듣고 깨달아 앎을 행하면 이는 곧 보고 듣고 깨달아 앎이지 법을 구함이 아니며, 법의 이름은 하염이 없음이니 만약 하염이 있음을 행하면 이는 하염이 있음을 구함이지 법을 구함이 아니다.

이런 까닭으로 사리불아, 만약 법을 구하는 자는 일체의

법에 응당 구하는 바가 없을지니라. 이 말을 말씀할 때 오
백 천자天子가 모든 법 가운데 법 눈의 조촐함을 얻으니라.

爾時 舍利弗 見此室中 無有牀座 作是念 斯諸菩薩大弟子
衆 當於何座 長者維摩詰知其意 語舍利弗言 云何仁者 爲
法來耶 求牀座耶 舍利弗言 我爲法來 非爲牀座 維摩詰言
唯舍利弗 夫求法者 不貪軀命 何況牀座 夫求法者 非有色
受想行識之求 非有界入之求 非有欲色無色之求 唯 舍利
弗 夫求法者 不著佛求 不著法求 不著衆求 夫求法者 無
見苦求 無斷集求 無造盡證 修道之求 所以者何 法無戲論
若言我當見苦斷集證修道 是則戲論 非求法也 唯舍利弗
法名寂滅 若行生滅 是求生滅 非求法也 法名無染 若染於
法 乃至涅槃 是則染著 非求法也 法無行處 若行於法 是
則行處 非求法也 法無取捨 若取捨法 是則取捨 非求法也
法無處所 若著處所 是則著處 非求法也 法名無相 若隨相
識 是則求相 非求法也 法不可住 若住於法 是則住法 非
求法也 法不可見聞 覺知 若行見聞覺知 是則見聞覺知 非
求法也 法名無爲 若行有爲 是求有爲 非求法也 是故舍利
弗 若求法者 於一切法 應無所求 說是語時 五百天子 於
諸法中 得法眼淨

―

법은 공간적인 장광長廣을 떠났고 시간적인 수명을 떠났
으며, 형체도 없고 성색聲色도 없는지라 구득求得할 만한
대상이 없을 뿐 아니라 법을 구함에 어로語路와 의정意程
이 있으면 이는 법을 구함이 아니니 법을 구하는 자는 일
체의 처소와 일체의 법에 집착하지 아니할지니 어단정진
語斷情盡하여 일념一念도 움직이지 아니하는 곳에 만법萬法
이 삼연森然하니라.

2.

그때에 장자 유마힐이 문수사리文殊師利에게 묻되, 인자仁
者께서 한량없는 천만억 아승기千萬億阿僧祇[1]의 나라에 놀
매 어떠한 불토佛土에 좋은 상묘上妙 공덕으로 성취한 사
자좌獅子座가 있더이까. 문수사리가 말씀하시되, 거사여,
동방東方에 삼십육 항하사三十六恒河沙[2]의 나라를 지나서
세계가 있으니 이름이 수미상須彌相이요, 그 부처님의 이
름은 수미등왕須彌燈王이라, 이제 저彼에 있으니 부처님의
이 몸 길이가 팔만 사천 유순八萬四千由旬[3]이다. 그 사자좌
의 높이도 팔만 사천 유순이요 꾸밈이 제일이니라.

이에 장자 유마힐이 신통神通의 힘을 나타내매 바로 그때
에 저 부처님이 3만 2천 사자좌를 보내니 높고 넓고 엄하
고 조촐한지라 와서 유마힐의 집에 들르매 모든 보살과
대제자와 석범釋梵과 사천왕의 무리가 전에 보지 못하던
바라. 그 집이 넓어 3만 2천의 사자좌를 다 포용하되 방
애妨礙되는 바 없고, 비야리성毘耶離城과 염부제閻浮提[4]의
사천하가 또한 좁지 아니하여 다 예와 같이(如故) 보이니라.

爾時長者維摩詰 問文殊師利 仁者遊於無量千萬億阿僧祇

國 何等佛土有好上妙功德成就獅子之座 文殊師利言 居士

東方度三十六恒河沙國 有世界名須彌相 其佛號須彌燈王

今現在 彼佛身長八萬四千由旬 其獅子座高八萬四千由旬

嚴飾第一 於是長者維摩詰現神通力 卽時彼佛遣三萬二千

獅子之座 高廣嚴淨 來入維摩詰室 諸菩薩 大弟子 釋梵 四

天王等 昔所未見 其室廣博 悉皆包容三萬二千獅子座 無

所妨礙 於毘耶離城 及閻浮提四天下 亦不迫迮 悉見如故

1 아승기阿僧祇(asamkhya)는 수량의 이름이니 다수多數의
뜻이다.

2 항하사恒河沙·항하恒河(Ganga)는 인도 삼대하三大河의 하
나인 갠지스 강. 그 근원根源은 설산雪山(히말라야산)의
남부에서 시작하여 동남으로 5천여 리를 분류奔流하
여 인도양에 들어가느니 항하사恒河沙 즉, 항하에 있는
모래는 매우 가늘어 그 수가 한량없는 고로 인도인은
다수多數를 칭함에 항하사라 하는 것이다.

3 유순由旬은 유순나由旬那(Yojana)의 약칭이니 거리距離의
명칭이다. 중국 이수里數는 40리 또는 30리, 16리라 하
는 여러 설이 있으나 지금의 약 9리(英里)에 해당한다.

4 염부제閻浮提는 염부제파閻浮提婆(Jambudvipa)의 약칭인데
수미산須彌山의 남부를 칭함이다. 이는 유마힐이 사자
좌를 빌어 광협불이廣狹不二의 뜻을 설함이니 말(斗)과
같은 소실小室의 가운데에 3만 2천의 사자좌를 용납하
되 협용狹容을 보지 못하고, 삼십육 항하사의 국토를
지나 3만 2천의 사자좌를 운반하되 한 손가락의 수고
를 허비하지 아니하니 이가 어찌 불이법不二法을 설하

는 묘경妙境이 아니리오. 이러한 묘법妙法을 알고자 함에는 한 가닥의 사량思量을 용납치 못하느니 심계心界를 공空하고 의로意路를 끊으면 통연명백洞然明白하리라.

※ 만해의 『유마힐소설경』 강의는 여기서 멈춘다. 이하는 만해가 저본으로 했던 구마라집본 『유마힐소설경』 원문으로 「부사의품」부터 마지막 품인 「촉루품」까지의 원문이다.
    —편집자 주.

第六_ 不思議品

爾時 舍利弗 見此室中 無有牀座 作是念 斯諸菩薩大弟子
衆 當於何座 長者維摩詰 知其意 語舍利弗言 云何仁者 爲
法來耶 求牀座耶 舍利弗言 我爲法來 非爲牀座 維摩詰 言
唯舍利弗 夫求法者 不貪軀命 何況牀座 夫求法者 非有色
受想行識之求 非有界入之求 非有欲色無色之求 唯舍利弗
夫求法者 不着佛求 不着法求 不着衆求 夫求法者 無見苦
求 無斷集求 無造盡證修道之求 所以者何 法無戲論 若言
我當見苦斷集證滅修道 是則戲論 非求法也 唯舍利弗 法
名寂滅 若行生滅 是求生滅 非求法也 法名無染 若染於法
乃至涅槃 是則染着 非求法也 法無行處 若行於法 是則行
處 非求法也 法無取捨 若取捨法 是則取捨 非求法也 法
無處所 若着處所 是則着處 非求法也 法名無相 若隨相識
是則求相 非求法也 法不可住 若住於法 是則住法 非求法
也 法不可見聞覺知 若行見聞覺知 是則見聞覺知 非求法
也 法名無爲 若行有爲 是求有爲 非求法也 是故舍利弗 若
求法者 於一切法 應無所求 說是語時 五百天子於諸法中
得法眼淨

爾時 長者維摩詰 問文殊師利 仁者 遊於無量千萬億阿僧祇國 何等佛土 有好上妙功德 成就獅子之座 文殊師利言 居士 東方 度三十六恒河沙國 有世界 名 須彌相 其佛號 須彌燈王 今現在彼 佛身 長 八萬四千由旬 其獅子座高 八萬四千由旬 嚴飾第一 於是 長者維摩詰 現神通力 卽時彼佛 遣三萬二千獅子之座 高廣嚴淨 來入維摩詰室 諸菩薩 大弟子 釋梵四天王等 昔所未見 其室 廣博 悉皆包容三萬二千獅子座 無所妨礙 於毘耶離城 及閻浮提四天下 亦不迫迮 悉見如故

爾時 維摩詰 語文殊師利 就獅子座 與諸菩薩上人 俱坐 當自立身 如彼座像 其得神通菩薩 卽自變形 爲四萬二千由旬 坐獅子座 諸新發意菩薩 及大弟子 皆不能昇 爾時 維摩詰 語舍利弗 就獅子座 舍利弗言 居士 此座高廣 吾不能昇 維摩詰言 唯舍利弗 爲須彌燈王如來 作禮 乃可得坐 於是 新發意菩薩及大弟子 卽爲須彌燈王如來作禮 更得坐獅子座 舍利弗言 居士 未曾有也 如是小室 乃容受此高廣之座 於毘耶離城 無所妨礙 又於閻浮提 聚落城邑 及四天下 諸天龍王鬼神宮殿 亦不迫迮

維摩詰言 唯舍利弗 諸佛菩薩 有解脫 名不可思議 若菩薩住是解脫者 以須彌之高廣 內芥子中 無所增減 須彌山王本相如故 而四天王 忉利諸天 不覺不知己之所入 唯應度者 乃見須彌 入芥子中 是名不可思議解脫法門 又以四大海水 入一毛孔 不嬈魚鼈黿鼉水性之屬 而彼大海 本性如故 諸龍鬼神 阿修羅等 不覺不知己之所入 於此眾生 亦無所嬈 又舍利弗 住不可思議解脫菩薩 斷取三千大千世界如陶家輪 着右掌中 擲過恒沙世界之外 其中眾生 不覺不知己之所往 又復還置本處 都不使人 有往來想 而此世界本相如故 又舍利弗 或有眾生 樂久住世而可度者 菩薩 卽演七日 以爲一劫 令彼眾生 謂之一劫 或有眾生 不樂久住而可度者 菩薩卽促一劫 以爲七日 令彼眾生 謂之七日 又舍利弗 住不可思議解脫菩薩 以一切佛土嚴飾之事 集在一國 示於眾生 又菩薩 以一切佛土眾生 置之右掌 飛到十方遍示一切 而不動本處 又舍利弗 十方眾生 供養諸佛之具菩薩於一毛孔 皆令得見 又十方國土 所有日月星宿 於一毛孔 普使見之 又舍利弗 十方世界所有諸風 菩薩 悉能吸着口中 而身不損 外諸樹木 亦不摧折 又十方世界劫盡燒時以一切火 內於腹中 火事如故 而不爲害 又於下方 過恒河沙等諸佛世界 取一佛土 舉着上方 過恒河沙無數世界 如

持針鋒 擧一棗葉而無所嬈 又舍利弗 住不可思議解脫菩薩
能以神通 現作佛身 或現辟支佛身 或現聲聞身 或現帝釋
身 或現梵王身 或現世主身 或現轉輪聖王身 又十方世界
所有衆聲 上中下音 皆能變之令作佛聲 演出無常苦空無我
之音 及十方諸佛所說種種之法 皆於其中 普令得聞 舍利
弗 我今略說菩薩 不可思議解脫之力 若廣說者 窮劫不盡

是時 大迦葉 聞說菩薩不可思議解脫法門 歎未曾有 謂舍
利弗 譬如有人 於盲者前 現衆色像 非彼所見 一切聲聞
聞是不可思議解脫法門 不能解了 爲若此也 智者 聞是 其
誰不發阿耨多羅三藐三菩提心 我等 何爲永斷其根 於此大
乘 已如敗種 一切聲聞 聞是不可思議解脫法門 皆應號泣
聲震三千大千世界 一切菩薩 應大欣慶 頂受此法 若有菩
薩 信解不可思議解脫法門者 一切魔衆 無如之何 大迦葉
說此語時 三萬二千天子 皆發阿耨多羅三藐三菩提心

爾時 維摩詰 語大迦葉 仁者十方無量阿僧祇世界中 作魔
王者 多是住不可思議解脫菩薩 以方便力故 敎化衆生 現
作魔王 又迦葉 十方無量菩薩 或有人 從乞手足耳鼻 頭目
髓腦 血肉皮骨 聚落城邑 妻子奴婢 象馬車乘 金銀瑠璃 硨

碟碼磲 硨珊瑚琥珀 眞珠珂貝 衣服飲食 如此乞者 多是住
不可思議解脫菩薩 以方便力 而往試之 令其堅固 所以者
何 住不可思議解脫菩薩 有威德力 故行逼迫 示諸衆生 如
是難事 凡夫下劣 無有力勢 不能如是逼迫菩薩 譬如龍象
蹴踏 非驢所堪 是名住不可思議解脫菩薩 智慧方便之門

第七_ 觀衆生品

爾時 文殊師利問維摩詰言 菩薩云何觀於衆生 維摩詰言
譬如幻師 見所幻人 菩薩觀衆生 爲若此 如智者見水中月
如鏡中見其面像 如熱時燄 如呼聲響 如空中雲 如水聚沫
如水上泡 如芭蕉堅 如電久住 如第五大 如第六陰 如第七
情 如十三入 如十九界 菩薩觀衆生 爲若此 如無色界色 如
燋穀芽 如須陀洹身見 如阿那含入胎 如阿羅漢三毒 如得忍
菩薩貪恚毀禁 如佛煩惱習 如盲者見色 如入滅盡定出入息
如空中鳥跡 如石女兒 如化人煩惱 如夢所見已寤 如滅度者
受身 如無煙之火 菩薩 觀衆生 爲若此

文殊師利言 若菩薩 作是觀者 云何行慈 維摩詰言 菩薩
作是觀已 自念 我當爲衆生 說如斯法 是卽眞實慈也 行寂
滅慈 無所生故 行不熱慈 無煩惱故 行等之慈 等三世故 行
無諍慈 無所起故 行不二慈 內外不合故 行不壞慈 畢竟盡
故 行堅固慈 心無毀故 行清淨慈 諸法性淨故 行無邊慈
如虛空故 行阿羅漢慈 破結賊故 行菩薩慈 安衆生故 行如
來慈 得如相故 行佛之慈 覺衆生故 行自然慈 無因得故 行
菩提慈 等一味故 行無等慈 斷諸愛故 行大悲慈 導以大乘

故 行無厭慈 觀空無我故 行法施慈 無遺惜故 行持戒慈 化毀禁故 行忍辱慈 無彼我故 行精進慈 荷負衆生故 行禪定慈 不受味故 行智慧慈 無不知時故 行方便慈 一切示現故 行無隱慈 直心清淨故 行深心慈 無雜行故 行無誑慈 不虛假故 行安樂慈 令得佛樂故 菩薩之慈 爲若此也 文殊師利又問 何謂爲悲 答曰菩薩 所作功德 皆與一切衆生共之 何謂爲喜 答曰有所饒益 歡喜無悔 何謂爲捨 答曰所作福祐 無所希望

文殊師利又問 生死有畏 菩薩當何所依 維摩詰言 菩薩 於生死畏中 當依如來功德之力 文殊師利又問 菩薩欲依如來功德之力 當於何住 答曰菩薩 欲依如來功德力者 當住度脫一切衆生 又問欲度衆生 當何所除 答曰欲度衆生 除其煩惱 又問欲除煩惱 當何所行 答曰當行正念 又問云何行於正念 答曰當行不生不滅 又問何法不生 何法不滅 答曰不善不生 善法不滅 又問善不善 孰爲本 答曰身爲本 又問身孰爲本 答曰欲貪爲本 又問欲貪孰爲本 答曰虛妄分別爲本 又問虛妄分別孰爲本 答曰顚倒想爲本 又問顚倒想孰爲本 答曰無住爲本 又問無住孰爲本 答曰無住則無本 文殊師利 從無住本 立一切法

時維摩詰室 有一天女 見諸大人 聞所說法 便現其身 卽
以天華 散諸菩薩大弟子上 華至諸菩薩 卽皆墮落 至大弟
子 便着不墮 一切弟子 神力去華 不能令去 爾時 天問舍利
弗 何故去華 答曰此華不如法 是以去之 天曰勿謂此華 爲
不如法 所以者何 是華無所分別 仁者自生分別想耳 若於
佛法出家 有所分別 爲不如法 若無所分別 是則如法 觀諸
菩薩 華不着者 已斷一切分別想故 譬如人畏時非人得其便
如是弟子畏生死故 色聲香味觸 得其便也 已離畏者 一切
五欲 無能爲也 結習未盡 華着身耳 結習盡者 華不着也

舍利弗言 天止此室 其已久如 答曰我止此室 如耆年解脫
舍利弗言止此久耶 天曰耆年解脫 亦何如久 舍利弗 黙然
不答 天曰如何耆舊 大智而黙 答曰解脫者 無所言說故 吾
於是 不知所云 天曰言說文字 皆解脫相 所以者何 解脫者
不內不外 不在兩間 文字亦不內不外 不在兩間 是故 舍利
弗 無離文字 說解脫也 所以者何 一切諸法 是解脫相 舍
利弗言 不復以離婬怒癡 爲解脫乎 天 曰佛爲增上慢人 說
離婬怒癡 爲解脫耳 若無增上慢者 佛說婬怒癡性 卽時解
脫 舍利弗言 善哉善哉 天女 汝何所得 以何爲證 辯乃如是
天曰我 無得無證 故辯如是 所以者何 若有得有證者 則於

佛法 爲增上慢 舍利弗 問天 汝於三乘 爲何志求 天 曰以
聲聞法 化衆生故 我爲聲聞 以因緣法 化衆生故 我爲辟支
佛 以大悲法 化衆生故 我爲大乘 舍利弗 如人 入瞻蔔林
唯齅瞻蔔 不齅餘香 如是 若入此室 但聞佛功德之香 不聞
聲聞辟支佛 功德香也 舍利弗 其有釋梵四天王 諸天龍鬼
神等 入此室者 聞斯上人 講說正法 皆樂佛功德之香 發心
而出 舍利弗 吾止此室 十有二年 初不聞說聲聞辟支佛法
但聞菩薩大慈大悲不可思議諸佛之法

舍利弗 此室 常現八未曾有難得之法 何等爲八 此室 常以
金色光照 晝夜無異 不以日月所照 爲明 是爲一未曾有難得
之法 此室入者 不爲諸垢之所惱也 是爲二未曾有難得之
法 此室 常有釋梵四天王 他方菩薩 來會不絶 是爲三未曾
有難得之法 此室 常說六波羅蜜不退轉法 是爲四未曾有
難得之法 此室 常作天人第一之樂 絃出無量法化之聲 是
爲五未曾有難得之法 此室 有四大藏 衆寶積滿 周窮濟乏
求得無盡 是爲六未曾有難得之法 此室 釋迦牟尼佛 阿彌
陀佛 阿閦佛 寶德寶燄 寶月寶嚴 難勝獅子響 一切利成 如
是等十方無量諸佛 是上人念時 即皆爲來 廣說諸佛秘要法
藏 說已還去 是爲七未曾有難得之法 此室 一切諸天 嚴飾

宮殿 諸佛淨土 皆於中現 是爲八未曾有難得之法 誰有見斯不思議事 而復樂於聲聞法乎

舍利弗言 汝何以不轉女身 天曰我從十二年來 求女人相 了不可得 當何所轉 譬如幻師 化作幻女 若有人 問何以不轉女身 是人 爲正問不 舍利弗 言不也 幻無定相 當何所轉 天曰一切諸法 亦復如是 無有定相 云何乃問不轉女身 卽時 天女 以神通力 變舍利弗 令如天女 天自化身 如舍利弗 而問言 何以不轉女身 舍利弗 以天女像而答言 我今不知 何轉而變爲女身 天曰舍利弗 若能轉此女身 則一切女人 亦當能轉 如舍利弗 非女而現女身 一切女人 亦復如是 雖現女身 而非女也 是故 佛說一切諸法 非男非女 卽時 天女 還攝神力 舍利弗身 還復如故 天問舍利弗 女身色相 今何所在 舍利弗言 女身色相 無在無不在 天曰一切諸法 亦復如是 無在無不在 夫無在無不在者 佛所說也

舍利弗問天 汝於此沒 當生何所 天曰佛化所生 吾如彼生 曰佛化所生 非沒生也 天曰衆生 猶然 非沒生也 舍利弗問天 汝久如 當得阿耨多羅三藐三菩提 天 曰如舍利弗 還爲凡夫 我乃得成阿耨多羅三藐三菩提 舍利弗言我作凡夫 無

有是處 天曰我得阿耨多羅三藐三菩提 亦無是處 所以者
何 菩提無住處 是故 無有得者 舍利弗言今諸佛 得阿耨多
羅三藐三菩提 已得當得 如恒河沙 皆謂何乎 天曰皆以世
俗文字數故 說有三世 非謂菩提 有去來今 天曰舍利弗 汝
得阿羅漢道耶 曰無所得故而得 天曰諸佛菩薩 亦復如是
無所得故而得 爾時 維摩詰 語舍利弗 是天女 已曾供養
九十二億諸佛 已能遊戲菩薩神通 所願具足 得無生忍 住
不退轉 以本願故 隨意能現 教化衆生

第八 佛道品

爾時 文殊師利 問維摩詰言 菩薩 云何通達佛道 維摩詰
言 若菩薩 行於非道 是爲通達佛道 又問云何菩薩 行於非
道 答曰若菩薩 行五無間 而無惱恚 至於地獄 無諸罪垢 至
於畜生 無有無明憍慢等過 至於餓鬼 而具足功德 行色無
色界道 不以爲勝 示行貪欲 離諸染着 示行瞋恚 於諸衆
生 無有恚碍 示行愚癡 而以智慧 調伏其心 示行慳貪 而捨
內外所有 不惜身命 示行毀禁 而安住淨戒 乃至小罪 猶懷
大懼 示行瞋恚 而常慈忍 示行懈怠 而勤修功德 示行亂意
而常念定 示行愚癡 而通達世間出世間慧 示行諂僞 而善
方便 隨諸經義 示行憍慢 而於衆生 猶如橋梁 示行諸煩惱
而心常清淨 示入於魔 而順佛智慧 不隨他教 示入聲聞 而
爲衆生 說未聞法 示入辟支佛 而成就大悲 教化衆生 示入
貧窮 而有寶手 功德無盡 示入形殘 而具諸好相 以自莊嚴
示入下賤 而生佛種性中 具諸功德 示入羸劣醜陋 而得那
羅延身 一切衆生之所樂見 示入老病 而永斷病根 超越死
畏 示有資生 而恒觀無常 實無所貪 示有妻妾婇女 而常遠
離五欲淤泥 現於訥鈍 而成就辯才 總持無失 示入邪濟 而
以正濟 度諸衆生 現遍入諸道 而斷其因緣 現於涅槃 而不

斷生死 文殊師利 菩薩 能如是行於非道 是爲通達佛道

於是 維摩詰 問文殊師利 何等 爲如來種 文殊師利言 有身
爲種 無明有愛爲種 貪恚癡爲種 四顚倒爲種 五蓋爲種 六
入爲種 七識處爲種 八邪法爲種 九惱處爲種 十不善道爲
種 以要言之 六十二見 及一切煩惱 皆是佛種 曰何謂也 答
曰若見無爲 入正位者 不能復發阿耨多羅三藐三菩提心 譬
如高原陸地 不生蓮花 卑濕淤泥 乃生此華 如是 見無爲法
入正位者 終不復能生於佛法 煩惱泥中 乃有衆生 起佛法
耳 又如植種於空 終不能生 糞壤之地 乃能滋茂 如是 入
無爲正位者 不生佛法 起於我見 如須彌山 猶能發於阿耨
多羅三藐三菩提心 生佛法矣 是故 當知一切煩惱 爲如來
種 譬如不下巨海 不能得無價寶珠 如是 不入煩惱大海 則
不能得一切智寶

爾時 大迦葉 歎言善哉善哉 文殊師利 快說此語 誠如所言
塵勞之儔 爲如來種 我等今者 不復堪任發阿耨多羅三藐
三菩提心 乃至五無間罪 猶能發意 生於佛法 而今我等 永
不能發 譬如根敗之士 其於五欲 不能復利 如是 聲聞 諸
結斷者 於佛法中 無有復益 永不志願 是故文殊師利 凡夫

於佛法 有反復而聲聞 無也 所以者何 凡夫聞佛法 能起無
上道心 不斷三寶 正使聲聞 終身聞佛法力無畏等 永不能
發無上道意

爾時 會中有菩薩 名普現色身 問維摩詰言 居士 父母妻子
親戚眷屬 吏民知識 悉為是誰 奴婢僮僕 象馬車乘 皆何所
在 於是 維摩詰 以偈答曰 智度菩薩母 方便以為父 一切衆
導師 無不由是生 法喜以為 妻慈悲心為女 善心誠實男 畢
竟空寂舍 弟子衆塵勞 隨意之所轉 道品善知識 由是成正
覺諸度法等侶 四攝為妓女 歌詠誦法言 以此為音樂 總持
之園苑 無漏法林樹 覺意淨妙華 解脫智慧果 八解之浴池
定水湛然滿 布以七淨華 浴此無垢人 象馬五通馳 大乘以
為車 調御以一心 遊於八正路 相具以嚴容 衆好飾其姿 慚
愧之上服 深心為華鬘 富有七財寶 教授以滋息 如所說修
行 迴向為大利 四禪為牀座 從於淨命生 多聞增智慧 以為
自覺音 甘露法之食 解脫味為漿 淨心以澡浴 戒品為塗香
摧滅煩惱賊 勇健無能踰 降伏四種魔 勝幡建道場
雖知無起滅 示彼故有生 悉現諸國土 如日無不見 供養於
十方 無量億如來 諸佛及己身 無有分別想 雖知諸佛國 及
與衆生空 而常修淨土 教化於群生 諸有衆生類 形聲及威

儀 無畏力菩薩 一時能盡現 覺知衆魔事 而示隨其行 以善
方便智 隨意皆能現 或示老病死 成就諸群生 了知如幻化
通達無有碍 或現劫盡燒 天地皆洞然 衆人有常想 照令知
無常 無數億衆生 俱來請菩薩 一時到其舍 化令向佛道 經
書禁呪術 工巧諸技藝 盡現行此事 饒益諸群生 世間衆道
法 悉於中出家 因以解人惑 而不墮邪見 或作日月天 梵王
世界主 或時作地水 或復作風火 劫中有疾疫 現作諸藥草
若有服之者 除病消衆毒 劫中有饑饉 現身作飲食 先救彼
飢渴 却以法語人 劫中有刀兵 爲之起慈悲 化彼諸衆生 令
住無諍地 若有大戰陣 立之以等力 菩薩現威勢 降伏使和
安 一切國土中 諸有地獄處 輒往到於彼 勉濟其苦惱 一切
國土中畜生相食噉 皆現生於彼 爲之作利益 示受於五欲
示復現行禪 令魔心憒亂 不能得其便 火中生蓮花 是可謂
希有 在欲而行禪 希有亦如是 或現作淫女 引諸好色者 先
以欲鉤牽 後令入佛智 或爲邑中主 或作商人導 國師及大臣
以祐利衆生 諸有貧窮者 現作無盡藏 因以勸導之 令發菩
提心 我心憍慢者 爲現大力士 消伏諸貢高 令住無上道 其
有恐懼衆 居前而慰安 先施以無畏 後令發道心 或現離婬
欲 爲五通仙人 開導諸群生 令住戒忍慈 見須供事者 現爲
作僮僕 旣悅可其意 乃發以道心 隨彼之所須 得入於佛道

以善方便力 皆能給足之 如是道無量 所行無有涯 智慧無

邊際 度脫無數衆 假令一切佛 於無數億劫 讚歎其功德 猶

尚不能盡 誰聞如是法 不發菩提心 除彼不肖人 癡冥無智

者

第九_ 入不二法門品

爾時維摩詰 謂衆菩薩言 諸仁者 云何菩薩 入不二法門 各隨所樂說之 會中有菩薩 名法自在 說言諸仁者 生滅爲二 法本不生 今則無滅 得此無生法忍 是爲入不二法門 德守菩薩曰 我我所爲二 因有我故 便有我所 若無有我 則無我所 是爲入不二法門 不眴菩薩曰 受不受爲二 若法不受則不可得 以不可得故 無取無捨 無作無行 是爲入不二法門 德頂菩薩曰 垢淨爲二 見垢實性 則無淨相 順於滅相 是爲入不二法門 善宿菩薩曰 是動是念爲二 不動則無念 無念卽無分別 通達此者 是爲入不二法門 善眼菩薩曰 一相無相爲二 若知一相 卽是無相 亦不取無相 入於平等 是爲入不二法門 妙臂菩薩曰 菩薩心聲聞心爲二 觀心相空 如幻化者 無菩薩心 無聲聞心 是爲入不二法門 弗沙菩薩曰 善不善爲二 若不起善不善 入無相際而通達者 是爲入不二法門 師子菩薩曰 罪福爲二 若達罪性 則與福無異 以金剛慧決了此相 無縛無解者 是爲入不二法門 師子意菩薩曰 有漏無漏爲二 若得諸法等 則不起漏無漏想 不着於相 亦不住無相 是爲入不二法門 淨解菩薩曰 有爲無爲爲二 若離一切數 則心如虛空 以清淨慧 無所碍者 是爲入不二法門

那羅延菩薩曰 世間出世間爲二 世間性空 即是出世間 於
其中 不入不出 不溢不散 是爲入不二法門 善意菩薩曰 生
死涅槃爲二 若見生死性 則無生死 無縛無解 不生不滅 如
是解者 是爲入不二法門 現見菩薩曰 盡不盡爲二 法若究
竟盡 若不盡 皆是無盡相 無盡相即是空 空則無有盡不盡
相 如是入者 是爲入不二法門 普守菩薩曰 我無我爲二 我
尚不可得 非我何可得 見我實性者 不可起二 是爲入不二
法門 電天菩薩曰 明無明爲二 無明實性 即是明 明亦不可
取 離一切數 於其中 平等無二者 是爲入不二法門 喜見菩
薩曰 色色空爲二 色即是空 非色滅空 色性自空 如是受想
行識 識空爲二 識即是空 非識滅空 識性自空 於其中 而通
達者 是爲入不二法門 明相菩薩曰 四種異空種異爲二 四
種性 即是空種性 如前際 後際空故 中際亦空 若能如是知
諸種性者 是爲入不二法門 妙意菩薩曰 眼色爲二 若知眼
性 於色不貪不恚不癡 是名寂滅 如是 耳聲鼻香舌味身觸
意法爲二 若知意性 於法不貪不恚不癡 是名寂滅 安住其
中 是爲入不二法門 無盡意菩薩曰 布施迴向一切智爲二
布施性 即是迴向一切智性 如是持戒忍辱精進禪定智慧
迴向一切智爲二 智慧性 即是迴向一切智性 於其中 入一
相者 是爲入不二法門 深慧菩薩曰 是空是無相是無作爲二

空卽無相 無相卽無作 若空無相無作則無心意識 於一解脫
門 卽是三解脫門者 是爲入不二法門 寂根菩薩曰 佛法衆
爲二 佛卽是法 法卽是衆 是三寶皆無爲相 與虛空等 一切
法亦爾 能隨此行者 是爲入不二法門 心無碍菩薩曰 身身
滅爲二 身卽是身滅 所以者何 見身實相者 不起見身及見滅
身 身與滅身 無二無分別 其於中 不驚不懼者 是爲入不二
法門 上善菩薩曰 身口意業爲二 是三業皆無作相 身無作
相 卽口無作相 口無作相 卽意無作相 是三業無作相 卽一
切法無作相 能如是隨無作慧者 是爲入不二法門 福田菩薩
曰 福行罪行不動行爲二 三行實性 卽是空 空則無福行 無
罪行 無不動行於此三行而不起者 是爲入不二法門 華嚴菩
薩曰 從我起二爲二 見我實相者 不起二法 若不住二法 則
無有識 無所識者 是爲入不二法門 德藏菩薩曰 有所得相
爲二 若無所得 則無取捨 無取捨者 是爲入不二法門 月上
菩薩曰 暗與明爲二 無闇無明 則無有二 所以者何 如入滅
受想定 無暗無明 一切法相 亦復如是 於其中 平等入者 是
爲入不二法門 寶印手菩薩曰 樂涅槃不樂世間爲二 若不樂
涅槃 不厭世間 則無有二 所以者何 若有縛則有解 若本無
縛 其誰求解 無縛無解 則無樂厭 是爲入不二法門 珠頂王
菩薩曰 正道邪道爲二 住正道者 則不分別是邪是正 離此

二者 是爲入不二法門 樂實菩薩曰 實不實爲二 實見者 尚不見實 何況非實 所以者何 非肉眼所見 慧眼乃能見 而此慧眼 無見無不見 是爲入不二法門 如是諸菩薩 各各說已 問文殊師利 何等 是菩薩入不二法門 文殊師利言 如我意者 於一切法 無言無說 無示無識 離諸問答 是爲入不二法門 於是文殊師利 問維摩詰 我等各自說已 仁者當說何等 是菩薩入不二法門 時維摩詰 默然無言 文殊師利 歎曰善哉善哉 乃至無有文字言語 是眞入不二法門 說是入不二法門品時 於此衆中五千菩薩 皆入不二法門 得無生法忍

第十_ 香積佛品

於是 舍利弗心念 食時欲至 此諸菩薩 當於何食 時維摩
詰 知其意而語言 佛說八解脫 仁者受行 豈雜欲食而聞法
乎 若欲食者 且待須臾 當令汝 得未曾有食 時維摩詰 卽入
三昧 以神通力 示諸大衆 上方界分 過四十二恒河沙佛土
有國名衆香 佛號香積 今現在其國 香氣比於十方諸佛世界
人天之香 最爲第一 彼土無有聲聞辟支佛名 唯有淸淨大菩
薩衆 佛爲說法 其界一切 皆以香作樓閣 經行香地 苑園皆
香 其食香氣 周流十方無量世界 時彼佛與諸菩薩 方共坐
食 有諸天子 皆號香嚴 悉發阿耨多羅三藐三菩提 供養彼
佛 及諸菩薩 此諸大衆 莫不目見 時維摩詰 問衆菩薩 諸仁
者 誰能致彼佛飯 以文殊師利威神力故 咸皆默然 維摩詰
言 仁此大衆 無乃可恥 文殊師利曰如佛所言 勿輕未學

於是維摩詰 不起於座 居衆會前 化作菩薩 相好光明 威德
殊勝 蔽於衆會 而告之曰汝往上方界分 度如四十二恒河沙
佛土 有國名衆香 佛號香積 與諸菩薩 方共坐食 汝往到彼
如我詞曰維摩詰 稽首世尊足下 致敬無量 問訊起居 少病
少惱 氣力安不 願得世尊所食之餘 當於娑婆世界 施作佛

事 令此樂小法者 得弘大道 亦使如來 名聲普聞 時化菩薩
卽於會前 昇於上方 舉衆皆見其去 到衆香界 禮彼佛足 又
聞其言 維摩詰 稽首世尊足下 致敬無量 問詢起居 少病少
惱 氣力安不 願得世尊所食之餘 欲於娑婆世界 施作佛事
使此樂小法者 得弘大道 亦使如來 名聲普聞

彼諸大士 見化菩薩 歎未曾有 今此上人 從何所來 娑婆世
界 爲在何許 云何名爲樂小法者 卽以問佛 佛告之曰下方
度如四十二恒河沙佛土 有世界 名娑婆 佛號釋迦牟尼 今
現在於五濁惡世 爲樂小法衆生 敷演道教 彼有菩薩 名 維
摩詰 住不可思議解脫 爲諸菩薩說法 故遣來化 稱揚我名
並讚此土 令彼菩薩 增益功德 彼菩薩言 其人何如 乃作是
化 德力無畏 神足若斯 佛言甚大 一切十方 皆遣化往 施作
佛事 饒益衆生 於是香積如來 以衆香鉢 盛滿香飯 與化
菩薩

時彼九百萬菩薩 俱發聲言 我欲詣娑婆世界 供養釋迦牟
尼佛 並欲見維摩詰等諸菩薩衆 佛言可往 攝汝身香 無令
彼諸衆生 起惑着心 又當捨汝本形 勿使彼國 求菩薩者 而
自鄙恥 又汝於彼 莫懷輕賤 而作碍想 所以者何 十方國

土 皆如虛空 又諸佛 爲欲化諸樂小法者 不盡現其清淨土
耳 時化菩薩 旣受鉢飯 與彼九百萬菩薩 俱承佛威神 及維
摩詰力 於彼世界 忽然不現 須臾之間 至維摩詰舍 時維摩
詰 卽化作九百萬師子之座 嚴好如前 諸菩薩 皆坐其上 時
化菩薩 以滿鉢香飯 與維摩詰 飯香 普薰毘耶離城 及三千
大千世界 時毘耶離婆羅門居士等 聞是香氣 身意快然 歎
未曾有 於是長者主月蓋 從八萬四千人 來入維摩詰舍 見
其室中 菩薩 甚多 諸獅子座 高廣嚴好 皆大歡喜 禮衆菩薩
及大弟子 却住一面 諸地神 虛空神 及欲色界諸天 聞此香
氣 亦皆來入維摩詰舍

時維摩詰 語舍利弗等諸大聲聞 仁者可食 如來甘露味飯
大悲所薰 無以限意 食之使不消也 有異聲聞 念是飯少 而
此大衆 人人當食 化菩薩曰勿以聲聞小德小智 稱量如來無
量福慧 四海有竭 此飯無盡 使一切人食 搏若須彌 乃至一
劫 猶不能盡 所以者何 無盡戒定智慧解脫 解脫知見 功德
具足者 所食之餘 終不可盡 於是鉢飯 悉飽衆會 猶故不盡
其諸菩薩聲聞天人 食此飯者 身安快樂 譬如一切樂莊嚴
國諸菩薩也 又諸毛孔 皆出妙香 亦如衆香國土諸樹之香
爾時 維摩詰 問衆香菩薩 香積如來 以何說法 彼菩薩曰我

土如來 無文字說 但以衆香 令諸天人 得入律行 菩薩各各
坐香樹下 聞斯妙香 卽獲一切德藏三昧 是得三昧者 菩薩
所有功德 皆悉具足 彼諸菩薩 問維摩詰 今世尊釋迦牟尼
以何說法 維摩詰言 此土衆生 剛強難化故 佛爲說剛強之
語 以調伏之 言是地獄 是畜生 是餓鬼 是諸難處 是愚人
生處 是身邪行 是身邪行報 是口邪行 是口邪行報 是意邪
行 是意邪行報 是殺生 是殺生報 是不與取 是不與取報
是邪婬 是邪婬報 是妄語 是妄語報 是兩舌 是兩舌報 是惡
口 是惡口報 是無義語 是無義語報 是貪嫉 是貪嫉報 是
瞋惱 是瞋惱報 是邪見 是邪見報 是慳吝 是慳吝報 是毀戒
是毀戒報 是瞋恚 是瞋恚報 是懈怠 是懈怠報 是亂意 是
亂意報 是愚癡 是愚癡報 是結戒 是持戒 是犯戒 是應作
是不應作 是障礙 是不障礙 是得罪 是離罪 是淨 是垢 是
有漏 是無漏 是邪道 是正道 是有爲 是無爲 是世間 是涅
槃 以難化之人 心如猿猴故 以若干種法 制御其心 乃可調
伏 譬如象馬 瀧悷不調 加諸楚毒 乃至徹骨然後 調伏 如
是剛強難化衆生故 以一切苦切之言 乃可入律 彼諸菩薩
聞是說已 皆曰未曾有也 如世尊釋迦牟尼佛 隱其無量自在
之力 乃以人所樂法 度脫衆生 斯諸菩薩 亦能勞謙 以無量
大悲 生是佛土

維摩詰言 此土菩薩 於諸衆生 大悲堅固 誠如所言 然其一世饒益衆生 多於彼國百千劫行 所以者何 此娑婆世界 有十事善法 諸餘淨土之所無有 何等爲十 以布施 攝貧窮 以淨戒 攝毀禁 以忍辱 攝瞋恚 以精進 攝懈怠 以禪定 攝亂意 以智慧 攝愚癡 說除難法 度八難者 以大乘法 度樂小乘者 以諸善根 濟無德者 常以四攝 成就衆生 是爲十

彼菩薩曰 菩薩成就幾法 於此世界 行無瘡疣 生於淨土 維摩詰言 菩薩成就八法 於此世界 行無瘡疣 生於淨土 何等爲八 饒益衆生 而不望報 代一切衆生 受諸苦惱 所作功德 盡以施之 等心衆生 謙下無碍 於諸菩薩 視之如佛 所未聞經 聞之不疑 不與聲聞 而相違背 不嫉彼供 不高己利 而於其中 調伏其心 常省己過 不訟彼短 恒以一心 求諸功德 是爲八法

維摩詰 文殊師利 於大衆中 說是法時 百千天人 皆發阿耨多羅三藐三菩提心 十千菩薩 得無生法忍

第十一_ 菩薩行品

爾時 佛說法於菴羅樹園 其地忽然廣博嚴麗 一切衆會 皆
作金色 阿難白佛言 世尊以何因緣 有此瑞應 是處忽然廣
博嚴麗 一切衆會 皆作金色 佛告阿難 是維摩詰文殊師利
與諸大衆 恭敬圍繞 發意欲來故 先爲此瑞應 於是維摩詰
語文殊師利 可共見佛 與諸菩薩 禮事供養 文殊師利言善
哉行矣 今正是時 維摩詰 卽以神力 持諸大衆 並師子座 置
於右掌 往詣佛所 到已着地 稽首佛足 右繞七匝 一心合掌
在一面立 其諸菩薩 卽皆避座 稽首佛足 亦繞七匝 於一面
立 諸大弟子 釋梵四天王等 亦皆避座 稽首佛足 在一面立
於是世尊 如法慰問諸菩薩已 各令復坐 卽皆受教 衆坐已
定 佛語舍利弗 汝見菩薩大士神力之所爲乎 唯然已見 汝
意云何 世尊 我覩其爲不可思議 非意所圖 非度所測

爾時 阿難白佛言 世尊今所聞香 自昔未有 是爲何香 佛告
阿難 是彼菩薩毛孔之香 於是舍利弗 語阿難言 我等毛孔
亦出是香 阿難言此何從來 曰是長者維摩詰 從衆香國 取
佛餘飯 於舍食者 一切毛孔 皆香若此 阿難問維摩詰 是香
氣 住當久如 維摩詰言 至此飯消 曰此飯 久如當消 曰此飯

勢力 至於七日然後 乃消 又阿難 若聲聞人 未入正位 食此
飯者 得入正位然後 乃消 已入正位 食此飯者 得心解脫然
後 乃消 若未發大乘意 食此飯者 至發意乃消 已發意 食此
飯者 得無生忍然後 乃消 已得無生忍 食此飯者 至一生補
處然後 乃消 譬如有藥 名曰上味 其有服者 身諸毒滅然後
乃消 此飯 如是 滅除一切諸煩惱毒然後 乃消

阿難白佛言 未曾有也 世尊如此香飯 能作佛事 佛言如是
如是 阿難 或有佛土 以佛光明 而作佛事 有以諸菩薩 而作
佛事 有以佛所化人 而作佛事 有以菩提樹 而作佛事 有以
佛衣服臥具 而作佛事 有以飯食 而作佛事 有以園林臺觀
而作佛事 有以三十二相 八十隨形好 而作佛事 有以佛身
而作佛事 有以虛空 而作佛事 衆生 應以此緣 得入律行 有
以夢幻影響鏡中像 水中月熱時燄 如是等喻 而作佛事 有以
音聲語言文字 而作佛事 或有清淨佛土 寂寞無言 無說無
示 無識無作無爲 而作佛事 如是阿難 諸佛威儀進止 諸所
施爲 無非佛事 阿難有此四魔 八萬四千諸煩惱門 而諸衆
生 爲之疲勞 諸佛 卽以此法 而作佛事 是名 入一切諸佛法
門 菩薩 入此門者 若見一切淨好佛土 不以爲喜 不貪不高
若見一切不淨佛土 不以爲憂 不碍不沒 但於諸佛 生清淨

心 歡喜恭敬 未曾有也 諸佛如來 功德平等 爲敎化衆生故
而現佛土不同 阿難汝見諸佛國土 地有若干 而虛空 無若
干也 如是見諸佛色身 有若干耳 其無碍慧 無若干也 阿難
諸佛色身 威相種性 戒定智慧解脫 解脫知見 力無所畏不
共之法 大慈大悲 威儀所行 及其壽命 說法敎化 成就衆生
淨佛國土 具諸佛法 悉皆平等 是故名爲三藐三佛陀 名爲
多陀阿伽度 名爲佛陀 阿難 若我廣說此三句義 汝以劫壽
不能盡受 正使三千大千世界滿中衆生 皆如阿難 多聞第一
得念總持 此諸人等 以劫之壽 亦不能受 如是 阿難 諸佛阿
耨多羅三藐三菩提 無有限量 智慧辯才 不可思議

阿難白佛言 我從今已往 不敢自謂以爲多聞 佛告阿難 勿
起退意 所以者何 我說汝於聲聞中 爲最多聞 非謂菩薩 且
止 阿難 其有智者 不應限量諸菩薩也 一切海淵 尙可測量
菩薩 禪定智慧 總持辨才 一切功德 不可量也 阿難汝等 捨
置菩薩所行 是維摩詰 一時所現神通之力 一切聲聞辟支
佛 於百千劫 盡力變化 所不能作

爾時 衆香世界菩薩來者 合掌白佛言 世尊我等初見此土
生下劣想 今自悔責 捨離是心 所以者何 諸佛方便 不可思

議 為度眾生故 隨其所應 現佛國異 唯然世尊 願賜小法
還於彼土 當念如來

佛告諸菩薩 有盡無盡解脫法門 汝等當學 何謂為盡 謂有
為法 何謂無盡 謂無為法 如菩薩者 不盡有為 不住無為 何
謂不盡有為 謂不離大慈 不捨大悲 深發一切智心 而不忽
忘 教化眾生 終不疲厭 於四攝法 常念順行 護持正法 不惜
身命 種諸善根 無有疲厭 志常安住方便迴向 求法不懈 說
法無恡 勤供諸佛故 入生死而無所畏 於諸榮辱 心無憂喜
不輕未學 敬學如佛 墮煩惱者 令發正念 於遠離樂 不以為
貴 不着己樂 慶於彼樂 在諸禪定 如地獄想 於生死中 如
園觀想 見來求者 為善師想 捨諸所有 具一切智想 見毀戒
者 起救護想 諸波羅蜜 為父母想 道品之法 為眷屬想 發行
善根 無有齊限 以諸淨國嚴飾之事 成己佛土 行無限施 具
足相好 除一切惡 淨身口意 故 生死無數劫 意而有勇 聞佛
無量德 志而不倦 以智慧劍 破煩惱賊 出陰界入 荷負眾生
永使解脫 以大精進 摧伏魔軍 常求無念實相智慧行 少欲
知足而不捨世法 不壞威儀 而能隨俗 起神通慧 引導眾生
得念總持 所聞不忘 善別諸根 斷眾生疑 以樂說辯 演法無
碍 淨十善道 受人天福 修四無量 開梵天道 勸請說法 隨

喜讚善 得佛音聲 身口意善 得佛威儀 深修善法 所行轉勝
以大乘教 成菩薩僧 心無放逸 不失衆善 行如此法 是名菩
薩 不盡有爲

何謂菩薩 不住無爲 謂修學空 不以空爲證 修學無相無作
不以無相無作爲證 修學無起不以無起爲證 觀於無常 而不
厭善本 觀世間苦 而不惡生死 觀於無我 而誨人不倦 觀於
寂滅 而不永寂滅 觀於遠離 而身心修善 觀無所歸 而歸趣
善法 觀於無生 而以生法 荷負一切 觀於無漏 而不斷諸漏
觀無所行 而以行法 教化衆生 觀於空無 而不捨大悲 觀正
法位 而不隨小乘 觀諸法虛妄 無牢無人 無主無相 本願未
滿 而不虛福德禪定智慧 修如此法 是名菩薩 不住無爲

又具福德故 不住無爲 具智慧故 不盡有爲 大慈悲故 不住
無爲 滿本願故 不盡有爲 集法藥故 不住無爲 隨授藥故
不盡有爲 知衆生病故 不住無爲 滅衆生病故 不盡有爲 諸
正士菩薩 已修此法不盡有爲 不住無爲 是名盡無盡解脫法
門 汝等當學

爾時 彼諸菩薩 聞說是法 皆大歡喜 以衆妙華若干種色 若

千種香 遍散三千大千世界 供養於佛 及此經法 幷諸菩薩
已 稽首佛足 歎未曾有 言釋迦牟尼佛 乃能於此 善行方便
言已 忽然不現 還到本國

第十二_ 見阿閦佛品

爾時 世尊問維摩詰 汝欲見如來 爲以何等 觀如來乎 維摩
詰言 如自觀身實相 觀佛亦然 我觀如來 前際不來 後際不
去 今則不住 不觀色 不觀色如 不觀色性 不觀受想行識 不
觀識如 不觀識性 非四大起 同於虛空 六入無積 眼耳鼻舌
身心 已過 不在三界 三垢已離 順三脫門 具足三明 與無明
等 不一相不異相 不自相不他相 非無相非取相 不此岸不
彼岸 不中流 而化衆生 觀於寂滅 亦不永滅 不此不彼 不以
此不以彼 不可以智知 不可以識 識 無晦無明 無名無相 無
强無弱 非淨非穢 不在方不離方 非有爲非無爲 無示無說
不施不慳 不戒不犯 不忍不恚 不進不怠 不定不亂 不智不
愚 不誠不欺 不來不去 不出不入 一切言語道斷 非福田 非
不福田 非應供養 非不應供養 非取非捨 非有相非無相 同
眞際等法界 不可稱不可量 過諸稱量 非大非小 非見非聞
非覺非知 離衆結縛 等諸智 同衆生 於諸法 無分別 一切
無得無失 無濁無惱 無作無起 無生無滅 無畏無憂 無喜無
厭 無已有 無當有無今有 不可以一切言說 分別顯示 世尊
如來身 爲若此 作如是觀 以斯觀者 名爲正觀 若他觀者 名
爲邪觀

爾時 舍利弗問維摩詰 汝於何沒 而來生此 維摩詰言 汝所
得法 有沒生乎 舍利弗言 無沒生也 維摩詰言 若諸法 無沒
生相 云何問言汝於何沒 而來生此 於意云何 譬如幻師 幻
作男女 寧沒生耶 舍利弗言 無沒生也 汝豈不聞佛說諸法
如幻相乎 答曰如是 若一切法 如幻相者 云何問言汝於何
沒 而來生此 舍利弗 沒者 爲虛誑法 壞敗之相 生者 爲虛
誑法 相續之相 菩薩 雖沒 不盡善本 雖生 不長諸惡 是時
佛告舍利弗 有國名妙喜 佛號無動 是維摩詰 於彼國沒 而
來生此 舍利弗言 未曾有也 世尊 是人乃捨清淨土 而來樂
此多怒害處 維摩詰語舍利弗 於意云何 日光出時 與冥合
乎 答曰不也 日光出時 則無衆冥 維摩詰言 夫日何故 行閻
浮提 答曰欲以明照 爲之除冥 維摩詰言 菩薩如是 雖生不
淨佛土 爲化衆生 不與愚暗而共合也 但滅衆生煩惱暗耳

是時大衆 渴仰欲見妙喜世界 無動如來 及其菩薩聲聞之
衆 佛知一切衆會所念 告維摩詰言 善男子 爲此衆會 現妙
喜國無動如來 及諸菩薩聲聞之衆 衆皆欲見 於是維摩詰
心念 吾當不起於座 接妙喜國 鐵圍山川 溪谷江河 大海泉
源 須彌諸山 及日月星宿 天龍鬼神 梵天等宮 並諸菩薩聲
聞之衆 城邑聚落 男女大小 乃至無動如來 及菩提樹 諸妙

蓮華 能與十方作佛事者 三道寶階 從閻浮提 至忉利天 以此寶階 諸天來下 悉爲禮敬無動如來 聽受經法 閻浮提人亦登其階 上昇忉利 見彼諸天 妙喜世界 成就如是無量功德 上至阿迦尼吒天 下至水際 以右手斷取 如陶家輪 入此世界 猶持華鬘 示一切衆 作是念已 入於三昧 現神通力 以其右手 斷取妙喜世界 置於此土 彼得神通菩薩及聲聞衆並餘天人 俱發聲言 唯然世尊 誰取我去 願見救護 無動佛言 非我所爲 是維摩詰 神力所作 其餘未得神通者 不覺不知己之所往 妙喜世界 雖入此土 而不增減 於是世界 亦不迫隘 如本無異 爾時 釋迦牟尼佛 告諸大衆 汝等且觀妙喜世界 無動如來 其國嚴飾 菩薩行淨 弟子清白 皆曰唯然已見 佛言若菩薩 欲得如是清淨佛土 當學無動如來所行之道 現此妙喜國時 娑婆世界十四那由他人 發阿耨多羅三藐三菩提心 皆願生於妙喜佛土 釋迦牟尼佛 卽記之曰當生彼國 時妙喜世界 於此國土 所應饒益 其事訖已 還復本處 舉衆皆見

佛告舍利弗 汝見此妙喜世界 及無動佛不 唯然已見 世尊願使一切衆生 得清淨土 如無動佛 獲神通力 如維摩詰 世尊 我等快得善利 得見是人 親近供養 其諸衆生 若今現在

若佛滅後 聞此經者 亦得善利 況復聞已 信解受持 讀誦解
說 如法修行 若有手得是經典者 便爲已得法寶之藏 若有
讀誦 解釋其義 如說修行 則爲諸佛之所護念 其有供養如
是人者 當知則爲供養於佛 其有書持此卷經者 當知其室
卽有如來 若聞是經 能隨喜者 斯人則爲趣一切智 若能信
解此經 乃至一四句偈 爲他說者 當知此人 卽是受阿耨多
羅三藐三菩提記

第十三_ 法供養品

爾時 釋提桓因 於大眾中 白佛言 世尊我雖從佛及文殊師
利 聞百千經 未曾聞此不可思議自在神通 決定實相經典
如我解佛所說義趣 若有眾生 聞此經法 信解受持讀誦之
者 必得是法不疑 何況如說修行 斯人則爲閉眾惡趣 開諸
善門 常爲諸佛之所護念 降伏外學 摧滅魔怨 修治菩提 安
處道場 履踐如來所行之跡 世尊 若有受持讀誦 如說修行
者 我當與諸眷屬 供養給事 所在聚落城邑 山林曠野 有是
經處 我亦與諸眷屬 聽受法故 同到其所 其未信者 當令生
信 其已信者 當爲作護 佛言善哉善哉 天帝如汝所說 我助
汝喜 此經 廣說過去未來現在諸佛 不可思議阿耨多羅三藐
三菩提 是故天帝 若善男子善女人 受持讀誦 供養是經者
則爲供養去來今佛 天帝 正使三千大千世界 如來滿中 譬
如甘蔗竹葦 稻麻叢林 若有善男子善女人 或以一劫 或減
一劫 恭敬尊重 讚歎供養 奉諸所安 至諸佛滅後 以一一全
身舍利 起七寶塔 縱廣 一四天下 高至梵天 表刹莊嚴 以
一切華香瓔珞 幢幡伎樂 微妙第一 若一劫 若減一劫而供
養之 天帝 於意云何 其人植福 寧爲多不 釋提桓因 言甚多
世尊 彼之福德 若以百千億劫 說不能盡 佛告天帝 當知 是

善男子善女人 聞是不可思議解脫經典 信解受持 讀誦修行
福多於彼 所以者何 諸佛菩提 皆從此生 菩提之相 不可限
量 以是因緣 福不可量

佛告天帝 過去無量阿僧祇劫 時世有佛 號曰藥王如來應
供正遍知明行足善逝世間解無上士調御丈夫天人師佛
世尊 世界名大莊嚴 劫名莊嚴 佛壽二十小劫 其聲聞僧
三十六億那由他 菩薩僧 有十二億 天帝 是時 有轉輪聖王
名曰寶蓋 七寶具足 主四天下 王有千子 端正勇健 能伏怨
敵 爾時 寶蓋 與其眷屬 供養藥王如來 施諸所安 至滿五
劫 過五劫已 告其千子 汝等亦當如我 以深心 供養於佛
於是千子 受父王命 供養藥王如來 復滿五劫 一切施安 其
王一子 名曰月蓋 獨坐思惟 寧有供養 殊過此者 以佛神力
空中有天曰善男子 法之供養 勝諸供養 即問何謂法之供養
天 曰汝可往問藥王如來 當廣為汝 說法之供養 即時月蓋王
子 行詣藥王如來 稽首佛足 却住一面 白佛言 世尊 諸供養
中 法供養勝 云何名為法之供養 佛言善男子 法供養者 諸
佛所說深經 一切世間 難信難受 微妙難見 清淨無染 非但
分別思惟之所能得 菩薩法藏所攝 陀羅尼印 印之 至不退
轉 成就六度 善分別義 順菩提法 眾經之上 入大慈悲 離

衆魔事 及諸邪見 順因緣法 無我無人 無衆生無壽命 空無
相無作無起 能令衆生 坐於道場 而轉法輪 諸天龍神 乾
闥婆等 所共歎譽 能令衆生 入佛法藏 攝諸賢聖 一切智慧
說諸菩薩 所行之道 依於諸法實相之義 宣明無常苦空無
我寂滅之法 能救一切毀禁衆生 諸魔外道 及貪着者 能使
怖畏 諸佛賢聖 所共稱歎 背生死苦 示涅槃樂 十方三世諸
佛所說 若聞如是等經 信解受持讀誦 以方便力 爲諸衆生
分別解說 顯示分明守護法故 是名法之供養

又於諸法 如說修行 隨順十二因緣 離諸邪見 得無生忍 決
定無我 無有衆生 而於因緣果報 無違無諍 離諸我所 依於
義 不依語 依於智不依識 依了義經 不依不了義經 依於法
不依人 隨順法相 無所入無所歸 無明畢竟滅故 諸行畢竟
滅 乃至生畢竟滅故 老死亦畢竟滅 作如是觀 十二因緣 無
有盡相 不復起見 是名最上法之供養

佛告天帝 王子月蓋 從藥王佛 聞如是法 得柔順忍 即解寶
衣嚴身之具 以供養佛 白佛言 世尊 如來滅後 我當行法供
養 守護正法 願以威神 加哀建立 令我得降伏魔怨 修菩薩
行 佛知其深心所念 而記之曰汝於末後 守護法城 天帝時

王子月蓋 見法清淨 聞佛授記 以信出家 修習善法 精進不久 得五神通 具菩薩道 得陀羅尼 無斷辯才 於佛滅後 以其所得神通總持辯才之力 滿十小劫 互吴 藥王如來所轉法輪 隨順分布 月蓋比丘 以守護法 勤行精進 即於此身 化百萬億人 於阿耨多羅三藐三菩提 立不退轉 十四那由他人 深發聲聞辟支佛心 無量衆生 得生天上 天帝 時王寶蓋 豈異人乎 今現得佛 號寶焰如來 其王千子 即賢劫中千佛 是也 從 迦羅鳩孫馱 爲始得佛 最後如來 號曰樓至 月蓋比丘 則我身是 如是天帝 當知此要 以法供養 於諸供養 爲上爲最 第一無比 是故天帝 當以法之供養 供養於佛

第十四_ 囑累品

於是 佛告彌勒菩薩言 彌勒 我今以是無量億阿僧祇劫 所
集阿耨多羅三藐三菩提法 付囑於汝 如是輩經 於佛滅後
末世之中 汝等當以神力 廣宣流布 於閻浮提 無令斷絶 所
以者何 未來世中 若有善男子善女人 及天龍鬼神 乾闥婆
羅刹等 發阿耨多羅三藐三菩提心 樂於大法 若使不聞如
是等經 則失善利 如此輩人 聞是等經 必多信樂 發希有心
當以頂受 隨諸衆生 所應得利 而爲廣說 彌勒當知 菩薩 有
二相 何謂爲二 一者 好於雜句文飾之事 二者 不畏深義
如實能入 若好雜句文飾事者 當知是爲新學菩薩 若於如
是無染無着 甚深經典 無有怖畏 能入其中 聞已心淨 受持
讀誦 如說修行 當知是爲久修道行 彌勒 復有二法 名新學
者 不能決定於甚深法 何等爲二 一者 所未聞深經 聞之驚
怖生疑 不能隨順 毀謗不信 而作是言 我初不聞 從何所來
二者 若有護持解說如是深經者 不肯親近供養恭敬 或時
於中 說其過惡 有此二法 當知是新學菩薩 爲自傷毀 不能
於深法中 調伏其心 彌勒 復有二法 菩薩 雖信解深法 猶自
毀傷 而不能得無生法忍 何等爲二 一者 輕學菩薩 而不教
誨 二者 雖信解深法 而取相分別 是爲二法

彌勒菩薩 聞說是已 白佛言 世尊未曾有也 如佛所說 我當
遠離如斯之惡 奉持如來 無數阿僧祇劫 所集阿耨多羅三
藐三菩提法 若未來世善男子善女人 求大乘者 當令手得
如是等經 與其念力 使受持讀誦 爲他廣說 世尊 若後末世
有能受持讀誦 爲他說者 當知是彌勒神力之所建立 佛言
善哉善哉 彌勒 如汝所說 佛助爾喜

於是一切菩薩 合掌白佛 我等亦於如來滅後 十方國土 廣
宣流布阿耨多羅三藐三菩提法 復當開導諸說法者 令得是
經 爾時 四天王白佛言 世尊 在在處處城邑聚落 山林曠野
有是經卷 讀誦解說者 我當率諸官屬 爲聽法故 往詣其所
擁護其人 面百由旬 令無自求得其便者

是時佛告阿難 受持是經 廣宣流布 阿難言 唯我已受持要
者 世尊當何名斯經 佛言阿難 是經名爲維摩詰所說 亦名
不可思議解脫法門 如是受持 佛說是經已 長者維摩詰 文
殊師利 舍利弗 阿難等 及諸天人阿修羅 一切大衆 聞佛所
說 皆大歡喜 信受奉行

유마로 살았던 만해의 『유마경』 역주

서재영

격동의 근대불교와 만해

한국 근대불교는 만해 한용운을 빼놓고 이야기할 수 없
다. 만해는 스스로 근대불교의 시공을 개척해 왔고, 근대
불교의 사상적 내용을 확립하고, 불교가 지향해야할 길
을 제시해 온 인물이다. 시절은 엄혹하고 나라의 운명은
풍전등화와 같아서 역사는 위기를 헤쳐 나갈 인재를 간
절히 염원하고 있었다. 외적으로는 일제의 침략에 맞서
나라를 구할 민족지사를 기다렸고, 교단 내적으로는 억
압을 혁파하고 불교 중흥을 이끌 걸출한 스승을 요구했

다. 나아가 민초들의 정신을 일깨우고 역사를 움직일 수 있는 위대한 사상가와 문인을 기다리고 있었다.

그러나 그런 역사의 기다림과 달리 당시는 그런 인재가 나기 힘든 시절이었다. 누가 되었든 세상에 먼저 눈 뜬 이가 그 모든 요구를 감내해야 하는 상황이었다. 만해는 이런 시대적 요구에 부응하여 백절불굴百折不屈의 민족지사로, 조선불교의 개혁을 선도하는 걸출한 승려로, 감미로운 시어로 대중들의 마음을 일깨우는 위대한 문인으로 활동했다.

1879년 충남 홍성에서 태어난 만해는 일찍이 동학에 가담하며 의인걸사의 길에 발을 들였다. 무엇보다 만해는 1919년 3.1만세운동을 기획하고 조직하는 데 핵심적 역할을 담당했다. 「공약삼장」을 추가하는 등 독립선언서 작성에도 관여했고, 당일 독립선언식을 주도했다. 그 일로 3년간의 옥고를 치렀지만 오히려 비타협적 투사의 삶은 더욱 확고해졌다. 많은 민족지사들이 독립의 꿈을 잃고 변절했지만 만해는 항일투사로 일관된 삶을 살았다. 그의 나이 50세 전후에는 성북동 심우장에 기거하면서 신간회 경성 지부장을 맡는 등 그의 삶은 여전히 항일운동의 궤적을 밟아갔다. 그러나 한평생 몸 바쳐 치열하게 싸웠지만 아쉽게도 해방을 1년 앞둔 1944년 중풍으로 세상을 떠나고 말았다.

이처럼 만해는 불세출의 민족지사로 평생을 살았지만 그의 삶을 관통하는 또 다른 근간은 승려로서의 이력이다. 승려로서 만해의 삶을 돌아보면 출세간出世間의 공간에 안주하지 않고 불교계 내에서도 동분서주하며 전방위인 적인 삶을 살았다. 1905년 설악산 백담사에서 출가한 만해는 한국불교의 법맥을 확립하는 데 앞장선 선지식이었다. 1910년 원종의 대종정 이회광은 일본의 조동종과 한국불교를 통합하기 위해 비밀리에 '조동종 맹약'을 체결했다. 만해는 이에 맞서 1911년 박한영, 진진응 등과 함께 임제종 운동을 통해 한국불교의 법맥은 임제종풍임을 천명하고 한국불교를 병합하려는 음모를 좌절시켰다.

1913년에는 백담사에서 탈고한 『조선불교유신론』을 출판했다. 만해는 이 책을 통해 낙후한 조선불교의 개혁을 주창하며 근대불교의 방향을 제시했다. 그의 개혁론은 탈고한 지 100년이 넘었지만 여전히 눈여겨 볼 내용을 담고 있다. 승려로서 만해의 삶은 이와 같은 실천적 영역에만 국한된 것이 아니다. 만해는 방대한 대장경을 열람하여 불교의 정수를 뽑아내 『불교대전』을 편찬했고, 설악산 오세암에서 동안상찰同安常察 선사의 십우도十牛圖에 주석을 붙인 『십현담주해』를 남기기도 했다. 『십현담주해』는 선의 심오한 세계를 풀어낸 것으로 선승으로서의 깊이를 여지없이 보여주는 저작으로 평가받고 있다. 나아가 『유심』지와 『불교』지를 발간하여 불교청년운동과 대중화운동에 전념하며 민족세력을 규합하고, 궁극적으로 불교사회주의를 지향하는 일관된 삶을 살았다.

유마의 삶을 산 만해와 『유마경』

만해의 행적에서 볼 수 있는 가장 큰 특징은 선방에만 앉아 있지 않고 불교개혁, 나라의 독립, 사회정의를 위해 일평생 실천 현장에 있었다는 점이다. 조용한 숲속에 앉아 있는 가섭을 향해 호통 친 유마거사처럼 만해 역시 선외선禪外禪, 즉 '선 밖의 선'을 추구하며 활선活禪의 길을 지향했고, "중생이 아프면 보살이 아프다"는 유마거사의 가르침대로 고통받는 중생들과 삶을 함께했다. 따라서 만해는 승려였지만 출세간에 안주하지 않았으며, 수행자였지만 선방에 안주하지 않는 생활선의 길을 지향했다.

출세간의 영역에 안주하지 않았던 만해에게 승려와 출세간이라는 형식과 승가僧伽라는 종교적 카테고리는 몸에 맞지 않는 옷과 같은 것이었다. 그런 만해에게 『유마경』은 그의 삶을 대변하고, 실천적 삶에 대한 당위를 뒷받침하는 교학이자 성전이 아닐 수 없었다. 실제로 그는 유마의 정신으로 살았으며, 출가자라는 형식에 구애받지 않고 중생의 삶 속에서 유마로 살았다.

『유마경』은 『승만경』과 더불어 대표적인 대승경전으로 평가받는다. 대부분의 대승경전이 석가모니불이나 비로자나불 등 부처님이 설법의 주체로 등장한다. 하지만 『승만경』과 『유마경』은 승만부인과 유마거사라는 재가자가 설법의 주체로 등장한다. 단지 설법의 주체가 재가자라는 점에 그치지 않고 부처님의 대제자들은 유마거사에게 한결같이 호통을 듣고 대승정신에 대한 설법을 듣고 배우는 내용으로 구성되어 있다.

『유마경』「제자품」에 따르면 유마거사는 일부러 병석에 눕는다. 부처님은 제자들에게 차례대로 유마거사에게 문병을 다녀오라고 하지만 어느 누구도 감히 나서지 못했다. 결국 문병을 가게 된 이는 출가 제자가 아니라 대승의 지혜를 상징하는 문수보살이다. 출가중심주의에 도취되어 은둔을 수행으로 삼는 사람은 감히 유마와 대적할 수 없음을 드러내는 대목이다. 유마는 그들을 훈계하고 가르치는 인물로 묘사되어 있다.

만해 역시 결혼도 하고 거사의 삶을 살았지만 그는 오히려 출가자들을 향해 호통을 치는 당당한 삶을 살았다. 만해는 정신적으로 유마의 가르침을 받드는 차원을 넘어 역사적 현실 속으로 뛰어들어 중생과 함께 아파하는 삶을 살았다.

『유마경』에서 눈여겨 볼 대목 중에 하나가 유마거사가 병석에 누운 이유다. 「문수사리문질품」에 보면 유마거사는 "일체 중생이 병들고 이런 까닭으로 내가 병들었거니와 만약 일체 중생이 병들지 아니하면 곧 나의 병도 없어질 것"이라고 말한다. 중생이 아프기 때문에 보살이 아프다는 것이다. 백성이 수탈당하는 고통 속에 있으니 승가가 아프고, 나라가 고통에 신음하니 불교가 아프다. 그래서 만해는 스스로 세간으로 뛰어드는 고달픈 삶을 마다하지 않았다.

이상과 같은 만해의 삶을 돌아보면 그가 『유마경』에 관심을 가진 것은 너무도 당연한 귀결이고, 『유마경』의 역주譯註를 남겼다는 것은 지극히 자연스러운 일이다. 『유마경』

을 해석하는 것은 그의 삶 자체를 설명하는 것이며, 『유마경』을 이해하는 것은 그의 철학을 이해하는 것이기 때문이다.

만해가 번역한 『유마경』의 특징

만해의 『유마경』 번역은 1933년에 번역한 육필 원고가 전하고 있다. 중생이 아프면 보살이 아프다는 유마의 정신은 만해에게 경전 구절 그 이상의 의미를 갖는다. 만해에게 『유마경』은 그의 삶을 떠받치고, 그의 실천을 변론하는 정신적 지주였기 때문이다. 심우장에서 시작한 『유마경』 역주 작업은 전체 12품 중에 절반에 해당하는 제6 「부사의품」까지 진행되었다. 그 뒷부분은 한문 원문만 기재되어 있다. 안팎으로 분주한 삶을 살았기에 집필을 계속할 여력이 없었을 것으로 짐작된다.

중단된 원고가 다시 빛을 본 것은 1940년 봄 『불교』지를 통해서였다. 『불교』지에서 만해는 '실우失牛'라는 필명으로 연재를 시작했다. 만해가 살았던 심우장尋牛莊은 소를 찾는 집이라는 뜻이다. 심우도尋牛圖에서 소는 인간의 자성自性을 의미하지만 만해에게 그 소는 다름 아닌 조국이었다. 그런데 그 조국이 강탈된 상태였으므로 그는 소를 찾는 집에 머물러야 했고, '잃어버린 소를 뜻하는 실우라는 필명으로 글을 썼다. 이렇게 보면 그의 집필 행위 자체가 항일운동의 일환이었음을 알 수 있다.

아쉽게도 『불교』지의 연재는 2회뿐이고 더 이상 이어지지 않는다. 당시 만해는 매우 궁핍한 생활로 어려운 삶을 보내고 있었다. 연재를 시작하고 4년 뒤 중풍으로 타계한 것을 미루어 볼 때 건강상의 문제도 연재를 멈춘 이유의 하나일 것으로 짐작된다. 중생과 함께 아파하면서 그 아픔은 그의 삶을 파고들었고, 뼛속 깊이 스며들어 그의 삶을 무너뜨렸다. 중생과 보살이 둘이 아니기에 중생이 무너져 내리면 보살의 삶도 무너져 내리는 법이다. 중생에 대한 아픔을 스스로의 아픔으로 내재화하고, 그 아픔이 너무도 깊고 깊어 그의 삶이 송두리째 무너져 내린 것이다.

만해의 『유마경』은 그런 희생과 아픔 속에서 탄생한 진주 같은 결과물이다. 그의 번역은 오래된 번역임에도 전혀 어색하지 않고 세련되었다. 만해는 1933년 『한글』지에 기고한 글에서 한글맞춤법 통일안이 발표된 만큼 경전 번역도 이에 입각해야 한다는 입장을 피력한 바 있다. 그의

『유마경』 역시 그런 정신에 입각해 번역되었음을 엿볼 수 있다. 만해가 남긴 『유마경』 번역이 갖는 특징과 의미를 살펴보면 다음과 같이 정리할 수 있다.

첫째, 근대의 대표적 문장가의 번역이다. 무엇보다 만해는 「님의 침묵」으로 대변되는 위대한 시인이자 문인이다. 주요환의 「불놀이」를 신체시의 효시라고 하지만 혹자는 「님의 침묵」이야말로 신체시의 효시라고 보기도 한다. 그의 문체는 군더더기 없이 간결하지만 문학적 여운이 있고, 행간에는 사색의 길로 통하는 문이 열려 있다. 『유마경』은 대승불교의 대표적 경전으로 결코 쉬운 내용이 아니지만 만해의 번역은 유려한 문체로 인해 술술 읽혀지는 맛이 있다.

둘째, 한학에 조예가 깊은 대가의 번역이다. 만해는 유교적 전통이 살아 있는 집안에서 태어나 어릴 적부터 한학을 익혀 이 분야의 대가로 평가받는다. 뿐만 아니라 당대의 고승들로부터 인정받는 대강백이기도 했다. 만해의 이런 이력은 그의 번역에 대한 신뢰를 더해준다. 창작이라면 스토리와 문장만 좋으면 그만이다. 하지만 번역이라면 좋은 문장 못지않게 원전이 담고 있는 의미를 정확하게 꿰뚫고 이를 온전히 전달하는 것이 중요하다. 만해는 원전이 담고 있는 의미를 정확하게 파악하고 이해하기 쉬운 한글로 담아내고 있음을 볼 수 있다.

셋째, 유마의 삶을 살아간 실증적 인물의 번역이다. 그의 번역은 단지 문리文理에서 나온 것이 아니라 치열한 삶을 통해서 나온 것이다. 그의 해석은 추상적 인식의 산물이 아니라 구체적 현장에서 체득된 지혜이다. 부처님의 제자들을 호통치던 유마거사의 당찬 모습은 일제에 빌붙어 살던 주지들을 향해 호통치던 만해의 삶에 고스란히 투영되어 있다.

넷째, 대강백의 안목으로 주석을 달고 내용을 풀이했다. 만해는 방대한 대장경을 열람하여 『불교대전』을 편집할 만큼 불교사상과 내전內典에 깊은 안목을 갖춘 인물이었다. 나아가 중앙불전을 졸업하고 일본 등지에서 일찍이 신학문을 접하면서 외전外典에도 상당한 학식을 갖춘 인물이다. 그런 만해가 내외전에 대한 폭넓은 안목을 바탕으로 주석을 달고 강의를 했다는 것은 그만큼 『유마경』을 풍성하게 이해하게 해준다. 주석은 사전적 의미에 대한 내용도 있지만 혜원의 『유마경혜원소』 등을 인용하여 깊이를 더하고, 여러 경전을 예로 들어 품위를 더하고 있다.

다섯째, 만년의 삶과 경험이 녹아 있는 번역이다. 『조선불교유신론』은 그의 나이 불과 30대 초반이던 1910년에 탈고되었다. 반면 『유마경』 역주는 1933년에 시작했고, 『불교』지에 연재했던 원고는 임종 직전까지 작업했던 만년의 저작이다. 위대한 삶을 살아간 한 인간이 축적한 일평생의 경험과 경륜이 배어 있는 역작이기에 단어 선택 하나라도 강한 진동을 준다.

여섯째, 미완의 번역은 우리들에게 완성의 책무를 일깨운다. 만해의 『유마경』 역주는 전체 14품 중에 거의 절반만 번역되었다. 분량으로만 보면 미완의 작품이라고 할 수 있다. 그러나 슈베르트의 미완성 교향곡이 그 자체로 완성된 작품으로 평가받듯 만해의 미완의 『유마경』도 완결된 메시지를 담고 있다. 『유마경』이 전하고자 하는 핵심 내용을 절반의 작업만으로도 충분히 담아내고 있기 때문이다. 또 다른 측면에서 보면 중생의 아픔과 함께하는 유마의 삶은 결코 완성이 있을 수 없다. 중생의 삶은 역동적 현실 속에 있으며, 현재에도 끊임없이 진행형으로 펼쳐지고 있다. 따라서 『유마경』은 결코 완성될 수 없는 경전이다. 중생의 고통은 지금도 계속되고 있기 때문이다. 따라서 『유마경』의 완성은 미래형이며, 이 경을 읽는 우리들의 몫이기도 하다. 따라서 만해의 『유마경』은 중생의 아픔에 대해 공감하고, 보살의 삶을 되새기는 계기가 되리라 믿는다.

- 서재영. 동국대 선학과를 졸업하고 동 대학원에서 「선의 생태철학 연구」로 박사학위를 받았다. 동국대 연구교수, 조계종 불학연구소 선임연구원, 불교신문 논설위원, 불광연구원 책임연구원 등을 지냈다. 저서로 『선의 생태철학』, 『간화선 수행의 성찰과 과제』『아침바다 붉은 해 솟아오르네』 등이 있으며 「만해 한용운의 '조선불교유신론' 연구」, 「선사로서의 만해의 행적과 선사상」 등 40여 편의 연구논문이 있다.

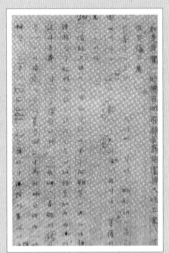

만해의 『유마힐소설경』 육필 원고 사진(『한용운전집』(신구문화사, 1973) 제
3권에 이 사진이 실려 있다.). 전집 출간 이후 이 육필 원고는 산재된 것으로
알려졌다.

만해의 『유마힐소설경』 강의가 처음 연재된 1940년 『불교』 2월호, 3-4
월호(합본) 목차와 첫 페이지.

만해의 마지막 유마경

2019년 3월 1일 초판 1쇄 발행일

지은이	만해 한용운
펴낸이	김미숙
편집인	김성동
교정	오세연
디자인	박소희
펴낸곳	도서출판 어의운하
주소	10893 경기도 파주시 월롱면 누현길 94-2 티메카 E동 102호
전화	070-4410-8050
팩스	070-4410-8050
페이스북	https://www.facebook.com/you-think
블로그	https://blog.naver.com/you-think
이메일	you-think@naver.com
출판등록	제406-2018-000137
ISBN	979-11-965609-1-1 (03220)